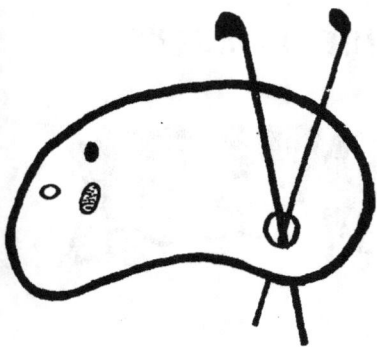

ORIGINAL EN COULEUR
NF Z 43-120-8

Couverture inférieure manquante

COMTOIS, RENDS-TOI! NENNI MA FOI!!!!!

LA FRANCHE-COMTÉ PITTORESQUE

CLAIRVAUX

DU

JURA

ET SES ENVIRONS

L. 31346

LA FRANCHE-COMTÉ PITTORESQUE

Clairvaux

du

Jura

STATION CLIMATIQUE

ALTITUDE : 540 MÈTRES

PAR

Jules Sicard

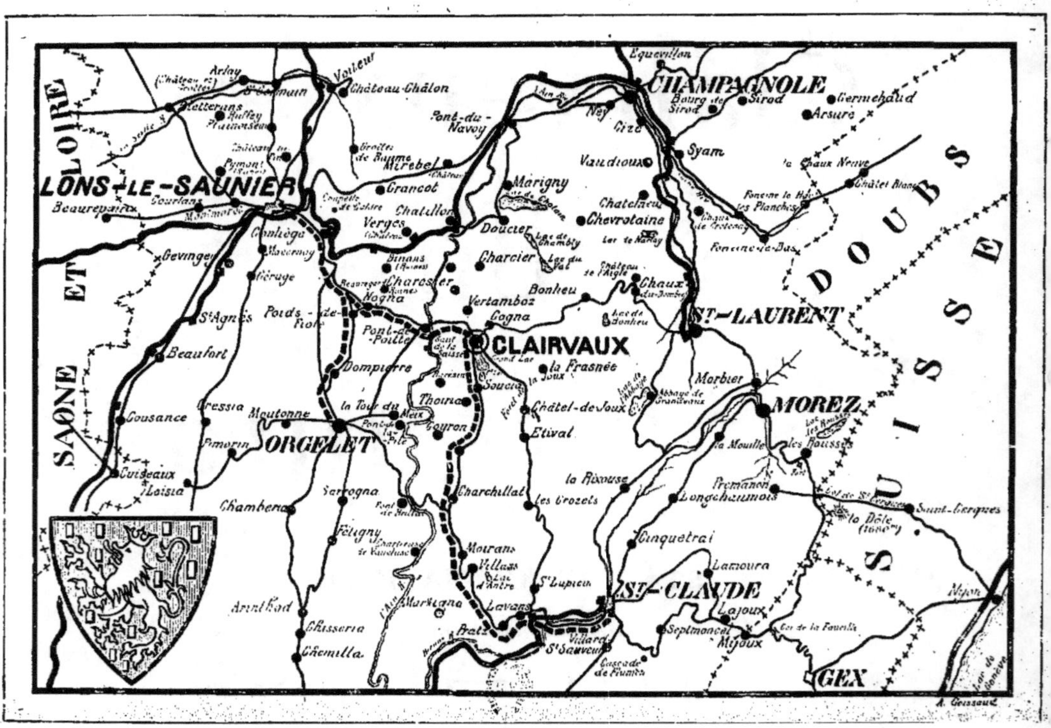
LONS-LE-SAUNIER
CHAMPAGNOLE
CLAIRVAUX
ORGELET
ST-LAURENT
MOREZ
ST-CLAUDE
GEX
SAONE ET LOIRE
DOUBS
SUISSE
Arlay
Voiteur
Château-Châlon
Bletterans
Beaurepaire
Conliège
Gevingey
St Agnès
Beaufort
Cousance
Cuiseaux
Cressia
Moutonne
Pimorin
Chambéria
Sarrogna
Présilly
Arinthod
Chisseria
Chemilla
Verges
Chatillon
Crançot
Mirebel
Pont-du-Navoy
Marigny
Doucier
Charcier
Chevrotaine
Châtelneuf
Vaudioux
Ney
Syam
Sirod
Arsure
Bonlieu
Vertamboz
Cogna
Pont-de-Poitte
Dompierre
Thoiria
Soucia
Châtel-de-Joux
Etival
la Rixouse
Les Crozets
Charchillat
Moirans
Lavans
St Lupicin
Villard
St Sauveur
Septmoncel
Lajoux
Mijoux
Lamoura
Cinquetral
Longchaumois
Prémanon
les Rousses
Morbier
la Dôle
Saint-Cergues
Nyon
Equevillon
Foncine-le-Bas
Chaux Neuve
Châtel Blanc
A. Geissaud

Dans ce beau pays, il est une province dont on n'oublie point, une fois qu'on l'a vue, la douce et noble image. Ceux qui ont été bercés dans le parfum de ses vallons, ceux qui ont respiré l'air pur de ses montagnes, emportent à jamais au fond de leur cœur l'amour de sa grâce et de sa majesté.

...XAVIER MARMIER.

A MES LECTEURS,

Quelques mots seulement pour vous dire que ce n'est point un livre que j'ai voulu écrire : mon but est bien plus modeste. J'ai voulu tenter, en faisant connaître dans leurs menus détails quelques coins de mon pays natal, d'attirer la vue de l'étranger sur cette vieille Franche-Comté que ses enfants revoient toujours avec bonheur et que toujours ils retrouvent plus belle... J'ai voulu, par quelques descriptions simples, essayer de montrer notre province sous son véritable jour et de lever quelque peu le voile qui la cache depuis trop longtemps aux chercheurs de pittoresque. Mon intention me vaudra au moins, je l'espère, l'indulgence de tous.

Aujourd'hui chacun voyage. Par un de ces revirements que seule la mode peut expliquer, la mer, avec ses plages mondaines et fatigantes, perd de son prestige ; la montagne, longtemps délaissée, reprend ses droits. La vogue des bains de mer semble avoir touché à son apogée, et les **bains d'air** sont à l'ordre du jour ! Comme on allait jadis à la mer, on va maintenant à la montagne, et chaque année ce mouvement s'accentue davantage, motivé par des raisons d'hygiène que la thérapeutique actuelle consacre tous les jours. Les effluves marines, bonnes pour quelques-uns, n'ont pas les vertus de l'air ozonisé et résineux de nos bois, vertus dont les effets bienfaisants s'adressent à tous. Aussi la **cure** d'eau fait-elle désormais place à la **cure** d'air : bientôt la montagne aura détrôné l'océan.

Et puisque l'air pur est notre élément curatif par excellence, pourquoi aller le chercher si loin, souvent à l'étranger, alors que chez nous, dans notre Jura, nous pouvons l'aspirer à pleins poumons et dans toute sa pureté ? N'avons-nous pas ici des sites ravissants, avec nos lacs, nos sapins, nos cascades ? A côté de ceux tant vantés de la Suisse, les nôtres n'ont-ils pas le grand mérite d'être encore tels que la nature les a dessinés, presque inexplorés, vierges de tout artifice, de tout ornement tracé par la main humaine, et n'en ont-ils pas plus de charmes ? N'avons-nous pas chez nous la nature vraie et réelle, dans toute sa vérité, dans toute sa splendeur, tantôt riante et gracieuse, tantôt altière et sauvage ? Et n'est-ce pas avec raison qu'on a appelé la Comté une « Suisse en miniature » ?

Pays des grands rochers, pays des grandes plaines,
Et des sources coulant d'emblée à rives pleines ;
Pays des vrais savants, des nobles songe-creux,
Des robustes soldats et des vins généreux. (*)

Exagération ! direz-vous, en me montrant au loin les Alpes et les Vosges. Oui, sans nul doute, les Vosges sont solennelles et les Alpes grandioses. Mais, placée entre ces deux rivales majestueuses, la beauté de notre Jura est-elle donc amoindrie ? N'a-t-elle pas toujours, et quand même, ce caractère pittoresque, original et unique qui lui est propre ?... Voilà pourquoi, fier de ma Comté et sachant ce qu'elle vaut, je réponds aux incrédules : Venez et voyez... Quand vous aurez vu, la Comté notera à son actif quelques admirateurs de plus, et j'aurai atteint le but que je m'étais proposé : c'est mon seul désir.

Quand vous l'aurez connu, vous aimerez notre beau Jura. Car, ainsi qu'on l'a dit d'une façon si poétique (**) :

« ... On finit toujours par l'aimer, quand on n'a pas commencé par là... Pour les joies de la vie, il a les caresses de ses pelouses, l'éclat de son soleil ; il a, pour nos deuils, la mélancolie de ses vallées étroites, le deuil de ses forêts de sapins ; il sourit et il console par l'ampleur et la sérénité de ses horizons. »

Veuillez excuser les imperfections de cet opuscule : en échange de mes efforts, je vous demande de me signaler les lacunes et les inexactitudes que vous rencontrerez dans le cours de vos promenades. Vous m'aiderez ainsi, en corrigeant mon œuvre, à la compléter dans l'intérêt de tous, et d'avance je vous dis bien cordialement : merci.

Et vous, chers lecteurs que j'aurai pu convaincre, jetez un coup d'œil sur la carte qui précède et sur la page 56 de ce Guide : à l'aide de la première, vous orienterez votre voyage ; au moyen de la seconde, vous établirez le budget de vos dépenses, avant votre départ. Quelques heures suffisent pour venir dans nos montagnes : la santé vous y attend, et les facilités accordées par la Compagnie P.-L.-M. entraîneront bien des indécis, car elles ménagent les bourses les plus modestes.

Maintenant, fermez vos valises, et All right ! en route pour le Jura ! !...

(*) Max Buchon.
(**) M. Cuénot. Ann. du C. A. F., 1895.

Une journée à Lons-le-Saunier

Que le voyageur vienne du Nord ou du Midi, de l'Ouest ou de l'Est de la France, s'il vient par le chemin de fer, il doit descendre à Lons-le-Saunier pour se rendre à Clairvaux. Qu'il s'arrête donc un ou deux jours au chef-lieu du Jura : tout en se reposant des fatigues du voyage, il visitera avec plaisir notre vieille cité lédonienne, qui à plusieurs titres, lui offrira de l'intérêt.

Lons-le-Saunier, chef-lieu du département du Jura, sur la Vallière, compte environ 12.500 habitants : son origine remonte vraisemblablement à l'époque romaine. Incorporée à la France sous Louis XIV, la ville a encore conservé dans quelques-uns de ses quartiers certain cachet d'ancienneté assez remarquable. Située aux pieds du premier plateau du Jura, elle est entourée d'une ceinture de collines, boisées ou couvertes de vignes, du sommet desquelles on jouit d'un panorama splendide.

A l'est, au-dessus de Conliège, Perrigny et Pannessières, une longue arête horizontale marque le premier échelon du Jura : de là se déroule la suite houleuse des monts Jura, avec la Dôle, le Reculet, le Colombier, la Faucille et le Mont-Blanc qui ferme l'horizon... A l'ouest, c'est la plaine, un immense tapis vert qui descend jusqu'aux chaines de la Côte-d'Or, du Charollais et du Beaujolais... Au sud et au nord, des côteaux tortueux, de formes et de hauteurs inégales, séparés par de frais vallons et des gorges verdoyantes. La disposition spéciale de ces côteaux, permettant à l'air pur des montagnes de renouveler sans cesse l'air de la vallée, assure à Lons-le-Saunier un climat d'une salubrité exceptionnelle (*).

L'antique cité Lédonienne possède des monuments intéressants et de jolies promenades :

1° L'Etablissement des bains Salins, construit à proximité de la ville, sur la route de Clairvaux, dans un parc de 7 hectares, et à

(*) Hôtel de Genève, voir page 65.

l'entrée d'un riant vallon. Avec son gracieux petit lac, les larges et longues allées tracées dans ses jardins, son installation balnéaire remarquable, et surtout grâce aux vertus thérapeutiques de ses eaux, cette station est devenue l'émule et la rivale de celles de Salins et de Besançon : toutes trois sont classées aujourd'hui au premier rang des stations similaires de France, pour la riche minéralisation de leurs eaux et leur situation exceptionnelle dans une région particulièrement saine et pittoresque. (*)

2° **La Chevalerie**, promenade publique, en face des bains Salins, dont elle est séparée par *la Vallière*. C'est un magnifique parc planté d'arbres séculaires, où chaque semaine les musiques, militaire et civiles, donnent alternativement d'agréables concerts. A l'entrée, statue en bronze de Rouget de l'Isle, l'immortel auteur de la *Marseillaise*, né à Lons-le-Saunier en 1760, dans la rue du Commerce.

A gauche de la Chevalerie, le long de la voie ferrée, se trouve l'établissement Devaux, bien connu pour sa fabrication importante de vins mousseux du Jura. Les caves, d'une installation modèle, sont très curieuses à visiter : là sont rangées dans un ordre méthodique plus de 400 mille bouteilles attendant l'heure où leur liqueur ambrée, en pétillant dans nos verres, sèmera sur nos tables les rires joyeux, et réveillera notre vieille gaieté gauloise.

A quelques pas de nous, voici les ateliers Demay, le photographe jurassien bien connu. Si des poètes ont chanté les beautés de nos montagnes, Demay les a fixées sur le papier pour en conserver le souvenir. Les amateurs n'auront chez lui que l'embarras du choix : ils pourront ici s'offrir une collection complète des plus beaux sites du Jura.

3° **La place de la Liberté**, avec la statue du général Lecourbe, né à Ruffey, en 1760, un des généraux les plus célèbres de la grande Révolution. — *Le théâtre*, construit en 1845, sur les plans d'une église dressés par Soufflot. — *La Tour de l'Horloge* et la rue du Commerce, avec sa double rangée d'arcades rappelant l'époque de la domination espagnole.

4° **L'Hôtel-de-Ville**, construit sur l'emplacement de l'ancien château des Châlon, où se trouvent réunis le musée et la bibliothèque.

Le Musée, entre autres choses remarquables, renferme les principales œuvres de Perraud, le grand statuaire, un enfant du pays.

(*) Voir page 63, les propriétés et l'analyse des eaux.

On y voit aussi une riche collection minéralogique et quantité d'objets de l'époque gallo-romaine : parmi ceux-ci une mosaïque provenant des fouilles pratiquées sur le territoire de Montmorot, où l'on a découvert les traces d'un ancien édifice balnéaire, d'un *balneum* romain.

La Bibliothèque contient 25.000 volumes : des manuscrits du XIVe siècle, des incunables, quelques éditions des Aldus, de Venise, des Fraben, de Bâle, et des Elzévir.

5° **L'Hôpital**, construit en 1735, sur les plans de l'hôpital de Besançon. La grille d'entrée, en fer forgé, véritable chef-d'œuvre, est classée parmi les monuments historiques. Dans la cour, buste de Bichat, célèbre médecin, née à Thoirette (Jura) en 1771.

6° **L'église des Cordeliers**, dépendance de l'ancien couvent du même nom, renferme les sépultures des princes de la maison de Châlon, notamment celle de son chef Philibert de Châlon, mort en 1530, devant Florence, au service de Charles-Quint. — Chapelles des XIVe et XVe siècles : riches boiseries sculptées.

7° **L'église Saint-Désiré**, bâtie sur les fondements d'un temple payen, au VIe siècle, et placée sous le vocable d'un ancien évêque de Besançon, né à Lons-le-Saunier en 414.

Aux touristes qui voudront prolonger d'une journée leur séjour dans cette ville, signalons encore deux excursions, dont ils garderont un bon souvenir.

Les ruines du château de Montmorot. — La tour de Montmorot, qu'on aperçoit de la place de la Liberté, marque l'endroit du célèbre château où Clovis prit pour femme la belle Clotilde, nièce de Gondebaud, roi de Bourgogne, et qui fut plus tard reine de France. Cette promenade peut se faire en une demi-heure à pied : du haut de la colline, on jouit d'un beau coup d'œil sur les environs.

Les fouilles faites à différentes époques sur le territoire de Montmorot ont révélé l'existence à cet endroit d'une villa romaine d'un luxe rare.

Le plateau de Montciel ou Côte de l'Ermitage. Ce magnifique plateau, couvert d'ombrages délicieux, est de longue date fréquenté par la population lédonienne. On y fait des repas champêtres, la Société de tir y donne ses fêtes et ses concours, et de ce sommet (altitude 350 m.), où l'on respire l'air le plus pur, la vue embrasse un immense horizon qui va se perdre jusqu'aux montagnes de la Bourgogne. Montciel est à quelques minutes de la ville qu'il domine d'une hauteur d'environ 100 mètres. C'est une excursion très facile et des plus agréables.

Les côteaux qui entourent la ville, Montaigu (450 m.), Pymont, Mancy, Montorient (423 m.), sont autant d'excursions qui nous révéleraient des horizons nouveaux. Nous aimerions aussi guider le touriste dans quelques promenades plus éloignées : à *Saint Etienne de Coldre*, la plus ancienne église de la contrée ; au *château du Pin*, où coucha Henri IV ; au *château d'Arlay*, construit par Gérard de Roussillon ; à *Château-Châlon*, où sont les restes d'une forteresse bâtie par Charlemagne ; aux *Grottes de Baume*, dont l'église abbatiale, du XIIᵉ siècle, est classée parmi les monuments historiques ; enfin aux *Grottes de Revigny*, aux châteaux de *Verges*, de *Frontenay*, *à la Source de la Cuisance*, dans le joli vallon d'Arbois : mais, ce serait dépasser les limites que nous nous sommes imposées.

En descendant de la montagne, et avant de quitter le Jura, le touriste fera bien de consacrer quelques jours encore à ces excursions qui lui donneront une idée plus complète du pays et de toutes ses merveilles.

Ne nous attardons plus désormais, et n'oublions pas le but de notre voyage : partons pour Clairvaux.

CLAIRVAUX

CHEF-LIEU DE CANTON DU JURA, 1000 HABITANTS. — ALTITUDE : 540 MÈTRES

La petite ville de Clairvaux (*clara vallis*) est propre et coquettement bàtie : elle s'étale en amphithéâtre sur le flanc d'une colline baignée par le lac qui dort à ses pieds. Son origine est très ancienne. Sans vouloir remonter aux époques préhistorique et gallo-romaine, dont on retrouve à chaque pas des traces nombreuses dans cette partie du Jura et dans les environs, on sait que Clairvaux, saccagé et ruiné par les hordes germaniques, disparut entièrement à la suite de l'immense bataille livrée dans la Combe d'Ain. Toutefois la ville se restaura rapidement et vit peu à peu grandir son importance. Au moyen-àge, elle était le siège d'une puissante seigneurie dont le château-fort était considérable.

En 1305, Humbert de Cuisel accordait des franchises à ses habitants, et en 1580, Jehan de Beauffiemont, chevalier, baron et seigneur de Clérevaulx, Chatel de Joux, Ronchaux, Estival, Saint Moris et Prelnoel, y faisait reconnaître ses droits seigneuriaux. On voit encore au moulin dit du *Pont de Cogna* deux fragments de pierres sculptées aux armes des de Beauffremont : ils sont encastrés dans la construction même, une partie sur la façade, près de la porte d'entrée, l'autre partie derrière la maison, au-dessus du canal.

Il y avait à Clairvaux un prieuré de Saint-Nithier et un couvent de Carmes déchaussés. Sous le chœur de l'ancien couvent des Carmes étaient placés les tombeaux des de Beauffremont et des de Villers.

La seigneurie comprenait, au xvıᵉ siècle, onze villages : Cogna, La Frasnée, Haultecourt, La Rochette, Soucya, Champsigna, Soyria, Bissia, Patornay, Boissia et Clairvaux. Le seigneur y avait droit de haute, moyenne et basse justice, nommait annuellement 'es quatre échevins, les officiers, scribes, sergents, forestiers, etc... et réglait leurs attributions. Ceux-ci représentaient en ce temps le pouvoir municipal et administratif d'aujourd'hui.

LE CHATEAU, d'une contenance d'environ quatre hectares, s'élevait au nord de la ville presque entièrement fermée par des remparts. Deux tours puissantes élevées de cinq étages et trois tours plus petites se dressaient le long des murs d'enceinte pour en assurer la défense. Une seule d'entre elles subsiste actuellement avec ses trois étages : on y voit encore la prison dont la surveillance était confiée à un *garde des prisons*. Celui-ci, outre le droit qu'il avait de prélever une gerbe de froment sur tous les habitants de la seigneurie, recevait encore de chaque détenu, après son élargissement, une rétribution en argent. Les habitants devaient, à tour de rôle, faire le guet pour la garde des criminels.

Des deux chapelles du château qui étaient desservies par le couvent des Carmes, une seule, dédiée à N.-D. de l'Isle, est encore debout : mais les travaux de restauration qu'à plusieurs épc ues elle eut à subir, lui ont fait perdre presque entièrement son caractère d'ancienneté. Le vieux bâtiment des Carmes situé à gauche, et à environ deux cents mètres du château, est occupé aujourd'hui par un commerçant.

A l'ouest, en dehors de la ville, sur une hauteur désignée sous le nom de *Molard des Fourches*, sur l'ancienne route de Clairvaux à Lons-le-Saunier, se dressaient, à l'époque de la féodalité, quatre colonnes de bois surmontées d'un chapiteau : c'était là que les condamnés étaient mis au gibet et les criminels livrés aux supplices... Tous les sujets étaient tenus d'assister en armes à ces

exécutions qui se faisaient avec grand apparat. Il ne reste maintenant aucun vestige de, ce monument de haute justice.

L'ÉGLISE. — Clairvaux possède une église qui, au point de vue architectural, n'offre rien de remarquable. Ses proportions écrasées et lourdes lui enlèvent toute élégance et ne prédisposent pas le critique en sa faveur. Plusieurs fois incendiée et plusieurs fois reconstruite, elle réunit dans ses diverses parties des éléments d'architecture très différents. C'est ainsi que la tour du clocher semble dater de l'époque romane, du XIe au XIIe siècle, comme l'attestent ses fenêtres géminées, avec leurs colonnettes et leurs chapiteaux qui ont conservé le caractère véritable de cette époque : tandis que la porte d'entrée est de style gothique, avec les moulures prismatiques des archivoltes.

Les arcades de la petite nef de droite, ainsi que deux fenêtres caractéristiques, l'une à droite, dans la Chapelle de la Vierge, l'autre dans la première chapelle, à gauche, appartiennent à la même époque. Les voûtes, le chœur et le sanctuaire sont de la fin du XVIIe siècle.

Mais si l'édifice laisse à désirer dans son aspect extérieur, il possède par contre dans son intérieur quelques objets assez remarquables. Le chœur, orné d'une double rangée de stalles gothiques du xv⁰ siècle, mérite surtout de fixer l'attention. Ces stalles en chêne sculpté massif, portent au milieu de leurs panneaux les armes d'Aimé de Chalon (*), auteur d'une restauration importante et d'embellissements considérables de l'église et de l'abbaye de Baume-les-Messieurs. Classées aujourd'hui parmi les monuments historiques, elles ont été vendues à la paroisse de Clairvaux dans la seconde moitié du siècle dernier. Déjà très délabrées à cette époque, mutilées ensuite par des mains maladroites, elles viennent d'être enfin restaurées par les soins de M. le curé de Clairvaux, M. l'abbé Durand.

Signalons dans l'abside, trois beaux tableaux de l'époque française. Au centre, *Jésus au milieu des Docteurs*, de Vien, appelé le restaurateur de l'école française (1716-1809); à gauche, *Ste Clotilde*, signé Coypel; à droite, *St-Louis* attribué à Lemoine.

Dans la nef, à la dernière travée, deux tableaux d'un certain mérite: à droite, une *Ste-Famille*, de Boullongne; à gauche, *la Cène*, par Jouvenet.

Ces cinq tableaux ont été envoyés par le général Baron Dériot, du palais de Versailles dont il était gouverneur sous l'Empire.

Tous ces renseignements, avec les noms des auteurs des cinq tableaux, sont consignés dans la lettre d'envoi, dont une copie authentique est dans les archives de la Paroisse.

Mentionnons aussi, dans l'une des chapelles de gauche, un *Calvaire* ou *Crucifiement*, genre flamand, dans le style du xvi⁰ siècle : et, dans la chapelle du Rosaire, un groupe *Sainte-Anne et la Vierge*, en albâtre de St-Lothain (Jura), œuvre qui présente tous les caractères de la statuaire du xvi⁰ siècle.

Personnages célèbres nés à Clairvaux. — La ville de Clairvaux peut se flatter d'avoir donné à la France de braves soldats.

Le général Baron Dériot, né dans cette ville en 1766, fut engagé volontaire dans les gardes françaises, et s'éleva par sa valeur au grade de lieutenant général. Atteint de 17 blessures à la bataille d'Héliopolis, la vie des camps lui devenait désormais impossible. Napoléon, en récompense de ses services, le nomma sous-gouverneur des châteaux de Fontainebleau, de Versailles et des Tuileries.

Le Baron Dériot se retira dans sa ville natale où il mourut en 1836, à l'âge de 70 ans. Ses restes reposent au cimetière de

(*) Aimé de Châlon, abbé de Baume, est mort vers l'an 1420.

Clairvaux, sous un mausolée érigé par les soins de la muni-cipalité.

Citons ensuite : le colonel Fournier (1790), le général Cœur (1816), les quatre frères Devaux, tous morts sous les drapeaux en 1814, les capitaines Bouiller (1774-1830), Duffaut (1786-1835), Convers (1793), le colonel Hugues (1754-1816), et les deux Rémont.

Le pays a le droit d'être fier.

LE LAC, altit. 500 m. — **Le lac de Clairvaux**, divisé en deux parties inégales, *le grand lac* et le *petit lac*, s'étend au sud de la ville sur une superficie d'environ 80 hectares. A son extrémité nord-ouest, vers la partie qui touche la ville, se trouve une langue de terrain en forme de presqu'île, et connue dans le pays sous le nom de la *Motte-aux-Magnins*. Vu du bas de la *Rayette*, petit canal de déga-gement pour les eaux, le lac forme un tableau d'un gracieux aspect dont les côtés sont encadrés par une suite de mamelons peu élevés, aux pentes douces et verdoyantes : son horizon a pour limite une haute montagne, à la crête allongée, dont les noirs sapins projettent dans le miroitement des eaux une teinte sombre légèrement bleutée, d'un imposant effet... Après les orages, on voit souvent planer sur le lac des nuages d'une blancheur éclatante. Semblables à de grands linceuls qui déroulent lentement leurs plis, ils affectent parfois des formes bizarres : sous l'influence variable des couches d'air qui les supportent, leur silhouette changeante se modifie graduellement et se transforme peu à peu, finement découpée sur le fond assombri de ce superbe tableau, bien fait pour charmer l'œil du spectateur.

C'est dans le lac de Clairvaux que fut faite, en 1870, une décou-verte très intéressante et surtout très précieuse pour la science archéologique. A la suite d'une sécheresse anormale, les eaux s'étant abaissées à un niveau très-bas, mirent à découvert d'innom-brables pilotis, de 12 à 15 centimètres de diamètre, provenant d'une cité lacustre de l'âge de la pierre polie. Cette découverte offrait d'autant plus d'intérêt qu'elle était la première de ce genre qui fût faite en France et qu'elle livrait aux savants des objets qu'aucune fouille antérieure n'avait encore révélés. Ces indices démontraient suffisamment que, à l'exemple de leurs voisins de la Suisse, les premiers habitants des montagnes du Jura avaient cons-truit leurs demeures sur le lac de Clairvaux.

Les fouilles furent commencées à environ cent mètres à l'ouest de la *Motte-aux-Magnins*, et à 25 mètres à l'est du canal de déga-gement pour les eaux. Les piquets ou pilotis, dont la tête se voilait d'une couche de limon, étaient tous de forme arrondie : quelques-uns, après des milliers d'années, étaient encore revêtus de leur écorce et assez bien conservés. Ils étaient faits en bois d'essences différentes, les uns de sapin, d'if ou de chêne, les autres de tremble, de bouleau ou de noisetier. Des brins de clématite recueillis sur place donnent à supposer que ces bois formaient dans leur ensemble une vaste charpente, dont les parties étaient reliées entre elles et consolidées par des liens végétaux.

A quatre mètres environ du côté sud de la *Motte-aux-Magnins*, sous une couche de vingt centimètres de limon blanc, dans un terrain spécial de tourbe sous-lacustre non tassée et d'une épaisseur moyenne d'un mètre, on découvrit des quantités considérables de débris de bois à demi-brûlés, des os, divers ustensiles, des coquilles de noisettes et des graines. La présence de céréales d'une part, l'absence de tout débris de poissons et d'outils de pêche d'autre part, permettent de supposer que les habitants de cette antique station connaissaient déjà l'agriculture, mais que la pêche n'était pour eux qu'une ressource alimentaire de second ordre.

Les fouilles pratiquées avec les soins les plus minutieux mirent à jour principalement des ossements et des silex. Les ossements semblent avoir appartenu à des animaux domestiques et sauvages, tels que le bœuf, le sanglier, le porc, le cerf surtout qui devait être très abondant dans les montagnes du Jura, et dont les bois étaient façonnés et utilisés pour mille usages. C'est ainsi qu'on découvrit plusieurs spécimens de haches et de hachettes, des outils de différents genres, des pioches, des glaives d'environ 0,45 de longueur, à la pointe très effilée, tous fabriqués en corne de cerf.

Outre ces objets, d'une nature et d'un travail particuliers, de formes nettement caractérisées, les objets *en silex* forment une collection importante. Un fait curieux à signaler, c'est qu'à coté du silex proprement dit qu'on rencontrait principalement dans les lacs de la Suisse et du Jura, on trouva d'autres pierres fort rares, telles que le jade, la serpentine, le jadoïde, originaires de l'Asie. A quelle cause attribuer la présence dans les eaux du lac de ces pierres d'origine si éloignée ? Qui les a importées dans nos pays, il y a des milliers d'années, à une époque ou l'homme vivait dans un état complet de barbarie et ne possédait aucune voie de communication ? Autant de questions difficiles à résoudre et sur lesquelles l'esprit incertain ne peut se livrer qu'à de vagues conjectures.

L'énumération des objets trouvés dans le lac de Clairvaux présente assez d'intérêt pour que nous ne la passions pas sous silence. Citons sommairement :

Des haches en jadoïde emmanchées dans des cornes de cerf ;

Des hachettes en serpentine verte et en silex vert ;

Des pointes de flèches et de lances en silex finement taillées par
éclats et de forme très régulières:

Des poinçons de toutes dimensions et des poignards en os ;

Des fragments de couteaux, dont un taillé à plat d'un côté et à
biseau de l'autre, en silex translucide, le plus commun en Franche-
Comté, connu vulgairement sous le nom de *pierre à fusil.*

Un grand nombre de ces objets, après avoir été taillés et façonnés, étaient polis sur des meules en grés dont on a trouvé aussi
quelques spécimens fort remarquables, notamment un polissoir à
main, ayant la forme d'un marteau ou d'une massue.

Notons encore des fragments d'arcs, dont un de 0.45 de longueur ;

Des vases et des écuelles en bois de dimensions variées, un
essieu de charriot très bien conservé ;

Des fragments de poterie grossière, épaisse, en terre grise ou
noirâtre ;

D'autres débris de poterie beaucoup plus fine et mieux travaillés,
provenant certainement d'une époque plus récente ;

Des coquilles de moules d'eau douce, taillées symétriquement et
percées de trous, et qui servaient à la confection des colliers et des
bracelets pour les femmes ;

Des crânes d'animaux inconnus ;

Enfin, des ossements, des monnaies et des médailles, dont une
en or, des époques gauloise et romaine (*).

Cette grande variété d'objets, qui accusent des âges et des mœurs
d'un caractère très précis et bien déterminé, prouve en toute
évidence que, dès les temps les plus reculés, les premiers habitants
de nos montagnes se sont groupés sur les bords du lac de Clairvaux
et y ont établi leurs pénates; que des générations s'y sont succédées
pendant des milliers d'années et que les mœurs et la civilisation s'y
sont peu à peu perfectionnées en se développant, suivant lentement
la marche progressive du temps, jusqu'à l'invasion des Gaules.

Une faible partie du lac, un are environ, a été fouillée, et dans
cet espace restreint plus de 150 pilotis ont été mis à jour. Tout fait
prévoir que si le vaste terrain qui reste inexploré était livré à de
nouvelles fouilles, les recherches seraient fructueuses et enrichi-
raient la science de nouvelles découvertes.

Le lac de Clairvaux a une profondeur moyenne de 18 à 25 mètres :
ses bords sont d'un accès facile et les pêcheurs peuvent s'y livrer à
leur exercice favori. La carpe, le brochet, la tanche, la perche et le

(*) Découverte d'une station lacustre de l'âge de la pierre polie dans le lac de
Clairvaux par M. Jules Le Mire. Tous ces objets ont été classés et forment une
remarquable collection conservée par les soins de M. Paul-Noël Le Mire dans
le chalet de Mirevent.

2.

menu poisson abondent dans ses eaux fraiches sorties des nombreuses sources environnantes.

A ce propos, n'oublions pas de dire que le *Drouvenant*, qui n'a rien de commun avec le lac, fournit surtout une truite savoureuse, mais de plus en plus rare et qui justifie hautement sa réputation.

La Combe d'Ain, ses tumuli. — Après avoir parlé des fouilles pratiquées dans le lac, il nous semble intéressant de dire quelques mots des recherches qui ont été faites dans les *tumuli* de la Combe d'Ain, aux environs de Clairvaux.

La Combe d'Ain est une superbe vallée arrosée du nord au sud par la rivière dont elle porte le nom, et qui, séparant le premier du second plateau du Jura, s'étend sur une longueur de 15 à 20 kilomètres. Si, en partant du Sud, on remonte la vallée en suivant la rive gauche de l'Ain, on rencontre tantôt isolés, tantôt réunis par groupes, une série de tertres ronds, recouverts de gazon, d'une hauteur d'un mètre et d'un diamètre de 15 à 20 mètres environ. Ces tertres se trouvent tous réunis sur un espace de quelques kilomètres entre Barezia et Poitte, village situé au confluent du Drouvenant et de l'Ain. Il y a un demi-siècle, deux archéologues distingués (*) entreprirent d'explorer quelques-uns des *tumuli* de la Combe d'Ain. Leurs travaux furent couronnés de succès et parmi les tombeaux qui furent ouverts, quelques-uns fournirent des éléments précieux pour l'étude archéologique du Jura. Au milieu des restes des vieux guerriers qui dormaient là depuis des siècles, à côté de leurs ossements presque réduits en poussière, la pioche découvrit des agrafes, des plaquettes de ceinturon damasquinées d'argent et des épées de l'âge de bronze ; une agrafe de ceinture, avec plaque et contre plaque, attribuées à l'époque mérovingienne ; différentes épées à deux tranchants, en fer et en bronze, avec les extrémités de leurs fourreaux ; des pointes de lances et de javelots, un glaive de fer à poignée arrondie, un anneau en bronze avec l'os du doigt qu'il entourait, des stylets, etc., etc. Pourra-t-on jamais préciser d'une façon exacte l'époque à laquelle vivait cette race guerrière dont à chaque pas nous foulons les restes cachés sous la couche légère de gazon ?...

Signalons aussi pour terminer, une trouvaille et non des moins curieuses, faite en 1861, due encore aux deux infatigables chercheurs que nous avons cités : les ruines d'une villa gallo romaine, au lieu dit *En Vicourt*, sur le territoire de Pont de Poitte. Cette villa, qui semble avoir été la résidence particulière d'un person-

(*) M. le président Clerc, de Besançon, et M. Jules Le Mire, propriétaire du Château de Mirevent.

nage riche et de marque, plutôt qu'un village proprement dit, aurait donné naissance au hameau de Poitte : elle était située sur la
rive droite de l'Ain, à 1500 mètres environ au sud-ouest du *Saut-
de-la-Saisse,* sur un plateau légèrement incliné. Les débris sortis
du sol en cet endroit prouvent surabondamment que cette villa
était postérieure à l'arrivée des Romains dans les Gaules : les tes-
sons de poterie, la forme des vases, l'argile dont ils sont faits dé-
montrent d'une façon irréfutable qu'ils sont de fabrication romaine.

Sous le soc de la charrue, on y a trouvé à différentes époques : un
anneau et un bracelet d'or ; des médailles d'or de Théodose et d'Ho-
norius, une médaille de bronze de Septime-Sévère ; plus tard, une
lame d'épée en acier d'une conservation parfaite ; des fresques d'un
coloris et d'un éclat des plus variés ; des corniches, des frises, des
ornements de toutes sortes, masques, feuilles d'acanthe, etc. — Les
murs d'intérieur revêtus de ciment peint en rouge, en vert et en
jaune, sur soubassements décorés, des fragments de pilastres can-
nelés, des guirlandes de feuillages de nuances diverses, tout révé-
lait dans cette demeure un luxe raffiné et une somptuosité rare. Mais,
absence de meubles et de tout objet de prix, ce qui fait supposer que
cette habitation a dû être pillée ou déménagée avant l'incendie
qui l'a détruite et dont on a cru reconnaître les traces.

De nouvelles fouilles pratiquées en 1873 sur le même emplacement ont fait découvrir quelques ustensiles agricoles, une enclume
de pierre calcinée, du fer en barre, une cognée, une grande cré-
maillère et des anses de vases en bronze ; une faucille, des faulx,
une tenaille de maréchal, des clefs de forme ancienne, des char-
nières, des serrures, des clous de toutes dimensions et quantité de
poteries. Il est à supposer que les champs voisins cachent d'autres
vestiges de constructions qu'il serait facile de mettre à jour.

EXCURSIONS ET PROMENADES
AUTOUR DE CLAIRVAUX

Les environs de Clairvaux, pittoresques et accidentés, offrent au touriste une série de promenades que celui-ci peut varier à son gré et modifier selon la vigueur physique dont il dispose.

Commençons par visiter les sites les plus proches de la ville : nous pousserons ensuite nos excursions plus loin, au-delà des montagnes qui nous environnent. Et si quelquefois nous rentrons le soir, au logis, un peu fatigués et trainant de l'aile, nous trouverons au gite, sur une nappe bien blanche, le bol de lait fraîchement tiré et la bonne soupe comtoise fleurant le chou et la saucisse de *montagne*, au fumet si délicat : nous serons vite et agréablement réconfortés.

Dans l'intérieur de la ville, **le Parterre**, avec ses larges allées bordées de grands arbres, ses vieux bancs de pierre, son kiosque établi pour les sociétés musicales, est une promenade des plus belles et des plus vastes du département. C'était autrefois le parc du château, et l'on y remarque encore des arbres contemporains de cette époque.

I. — **Les Forges** (527 m. altit.). — Les anciennes forges, propriété de M. le Mire, sont distantes d'environ 3 kilomètres de Clairvaux... Montons au château, visitons la chapelle de N.-D. de l'Isle et la tour du vieux castel ; jetons un coup d'œil sur les quelques pans de murailles qui formaient son enceinte ; du haut de la terrasse, plongeons les yeux dans cette gorge profonde qui au nord-ouest servait de fossé naturel et infranchissable, au lieu dit *sous les barres* ; puis, descendons à droite un chemin qui nous mène au bord du *Drouvenant* ou *Drouvenne*, dont la source est à la Frasnée. Sous les sapins et les noisetiers, dont les rameaux s'entrelacent au-dessus de nos têtes, suivons le cours de ce petit torrent : il va nous conduire à la taillerie de diamants, à la papeterie et aux vieux bâtiments *des Forges*. Passons maintenant quelques instants à visiter ces vivantes usines, où nous trouverons l'accueil le plus cordial.

Ici, bien qu'enfermé dans un cadre restreint, le site est vraiment
enchanteur. Sous d'épais feuillages et à demi cachée sous les dômes
de verdure qu'elle recouvre d'une bienfaisante rosée, voici une

superbe cascade de 10 mètres de chûte! Sillonnée par les sinuosités
d'une rivière souvent tapageuse, quelquefois tranquille, ombragée
par des massifs épais d'où s'élance hardiment la tige vert pâle des
vigoureux sapins, cette gorge étroite est un vrai nid de mousse, de
fraicheur et d'ombrage : l'esprit s'y repose et l'on goûte à satiété,
au milieu du silence d'une si belle nature, un calme bienfaisant qui
retrempe l'âme et rend la force aux affaiblis.

Pendant les chaleurs de l'été, ce coin délicieux est très fréquenté:
il a le mérite d'être peu éloigné de la ville et l'on y passe des instants pleins de charme.

II. Les Tilleuls — Cette promenade prend son nom d'une
plantation de tilleuls située sur un petit plateau qui domine
l'ancienne route de Clairvaux à Lons-le-Saunier, en face le *Molard
des Fourches* .. De cette hauteur on jouit d'un panorama magnifique.
Au nord et à l'ouest, la belle vallée de l'Ain, au cours tortueux, les
ruines du vieux château de Beauregard ; au loin, la ligne faiblement estompée de la chaine de montagnes qui limite le premier
plateau du Jura ; à l'est, les roches de Gargantua et la gorge pittoresque de la Frasnée ; au sud et au sud-ouest, sur un horizon sans

lin, le profil à peine dessiné des cimes élevées voisines de Saint-Laurent, de Morez et de Saint-Claude. Et dans ce cirque aux proportions infinies, comme jetés par une main titanesque, plus de vingt-cinq villages, tantôt assis mollement au fond de la vallée ou sur le flanc des collines, tantôt suspendus hardiment au sommet de roches presque inaccessibles.

III. — **En Ginn** est un bouquet de sapins qui se dresse gracieusement à mi-côte, à l'entrée et à droite de la gorge conduisant à la Frasnée. Là se trouve le réservoir d'alimentation des fontaines de Clairvaux et dans lequel *la Ginn* vient déverser ses eaux d'une pureté et d'une limpidité rares. La fraîcheur qu'on respire, le demi-jour tamisé par le feuillage font de cet endroit un charmant but de promenade.

Sur le versant de la montagne et au bord des sapins, une herbe serrée et fine s'étale comme une moquette verdoyante semblant inviter le promeneur au repos. Pendant l'été, cette oasis délicieuse est assidûment fréquentée par les clairvaliens qui viennent y goûter sur l'herbe et prendre de joyeux ébats.

En Ginn est à un kilomètre de la ville. Il domine la tournerie et la scierie de MM. Jaillot et fait face au village de Cogna, sur la route de Saint-Laurent. Je vous souhaite, ami lecteur, de passer à en Ginn un après-diner de dimanche, quand la société musicale de Clairvaux donne un concert. Vous assisterez à une vraie fête de famille, au milieu des rires, des danses et des jeux. La gaieté contagieuse vous gagnera bientôt vous-même : vous serez joyeux aussi et vous garderez bon souvenir de ces quelques heures passées en pleine joie dans un cadre si bien décoré par la nature.

IV. La Roche de Gargantua. — Cette roche, d'une hauteur de 300 pieds, est à trois kilomètres de la ville. C'est un bloc massif aux dimensions gigantesques, de forme demi-circulaire, qui surplombe la vallée de *La Frasnée*. Pour bien voir cette roche dans son entier développement, il faut suivre la route de la Frasnée, jusqu'à moitié du chemin, au fond de la vallée. Vue de ce point, la roche apparaît dans toute sa largeur. On y voit, creusée dans la pierre, l'empreinte des cinq doigts d'une main de géant que la légende attribue à Gargantua. La tradition rapporte qu'un jour celui-ci, mourant de soif, voulut boire au Drouvenant et que, pour se désaltérer plus à l'aise, il sépara le rocher de la montagne pour découvrir la source. L'empreinte de ses doigts y creusa les cinq excavations qu'on aperçoit aujourd'hui.

On dit aussi que chaque soir, une *Vouivre* descend tranquillement de la roche pour venir boire à la petite fontaine, *sous les Bauchets*.

V. La Rochette. — Altit. 594 m. — Distance : 2 kil. 500.

(En vélo : aller et retour, 30 minutes. Route de Moirans, à droite du lac, absolument plane et bien roulante, très bien entretenue.)

Pour visiter les ruines de la Rochette, nous suivons au sortir de Clairvaux la route de Moirans, qui côtoie la partie droite du lac. Arrivés près de la ferme de *Villaret*, laissons la route et prenons à gauche l'ancienne voie romaine qui conduisait autrefois à la fameuse cité d'Antre : cette éminence au pied de laquelle passe la voie, c'est la Rochette, sur le territoire de Soucia. Certains historiens et archéologues ont cru voir sur ce mamelon les traces d'un ancien retranchement d'une époque indéterminée et celle d'un donjon du moyen âge. Mais cette double hypothèse semble des plus erronées. En effet, des fouilles pratiquées récemment par un archéologue érudit autant que modeste ont démontré que le sommet de la Rochette était surmonté autrefois d'une tour, restant d'une fortification romaine et qui, placée sur ce faîte élevé, servait de vigie pour assurer la libre circulation entre la cité de Mauriana ou d'Antre et Vésontio, la métropole séquanaise. En outre, et d'après un historien bien connu (*) le petit village de Champsigna *(campus signi, champ du signal)* aurait tiré son nom du rôle spécial que jouait cette *vigie romaine* de la Rochette où, dit-on, s'allumait en temps de guerre un grand feu pour indiquer l'approche des ennemis.

En gravissant la montagne, on remarque un triple rang de fossés, et au centre le cône où s'élevait la tour-vigie d'un diamètre de 6 m. 50. Les recherches faites en cet endroit ont révélé, sous la couche d'humus, les vestiges d'une construction d'environ 3 m. sur 4 m., des claveaux de voûte en tuf reposant sur béton, des débris de poteries, des fers de flèches, un grain de collier en verre noirâtre. L'origine évidemment gallo-romaine de ces objets démontre suffisamment que là était construite une tour datant de cette époque et non un donjon. Du reste, quel donjon eût pu tenir dans un espace aussi étroit? Au bas de l'éminence, adossé à la montagne, on remarque encore un petit bassin dallé et cintré, dont le lit primitif a été déplacé et qui servait à l'alimentation du poste (**). Le village et l'église de la Rochette ont disparu à la suite des guerres et de la peste du xviie siècle.

La tour de la Rochette offre donc un intérêt tout particulier à l'archéologue à qui elle donne le type des ouvrages militaires, des *castella* et des *burgi*, qui avec les *castra*, ou camps retranchés, étaient semés dans tout l'empire pour arrêter l'invasion sans cesse

(*) Roussel (Dr).
(**) Note sur la tour ou vigie gallo-romaine par M. l'abbé Brune

menaçante des Barbares... A tous, elle offre un but charmant de promenade; car du sommet où fût la tour bâtie par nos ancêtres, on jouit d'un panorama splendide dont nous disons quelques mots plus loin, en décrivant la source du Pilé. (Ces deux excursions peuvent être faites ensemble en raison de leur proximité.)

VI. — La Source du Pilé et la Cascade des Corbières, ou Courbières, se trouvent à l'extrémité du petit lac de Clairvaux, à 3 kilomètres de la ville. Non loin de la ferme de *la Nitrière*, au lieu dit *le Langard*, au pied d'une roche taillée en hémicycle, on découvre, caché dans les rameaux du bois, un bassin de deux mètres à peine de diamètre et de quelques centimètres seulement de profondeur. Du lit sablonneux qui en forme le fond, une eau limpide comme le cristal jaillit par plusieurs ouvertures, véritables siphons creusés par la nature dans les profondeurs du sol : on dirait une eau en pleine ébullition. Mais quelle pureté et quelle fraicheur ! Charmante fontaine, Ovide t'eût célébrée dans ses vers ! Et plus à toi qu'à Blandusie il eût chanté : « *O fons... splendidior vitro!* ».

Le *Pilé* alimente le lac, en mèlant ses eaux à celles des *Corbières* qui tombent d'une roche voisine en une jolie cascade (15 mètres). Dans la partie supérieure du rocher s'ouvre une excavation qui jusqu'à présent n'a pas été explorée.

Si vous êtes bon marcheur, prenons le sentier sous bois qui couduit au sommet de la montagne et gravissons le faite où fût le château de la Rochette, un des points les plus élevés des environs. Nous découvrons d'ici un vaste horizon. Devant nous, Clairvaux se mire dans son lac; plus loin, voilà les ruines du château de St-Sorlin et le dôme du Mont-Lion; à droite, voici le village et le château de Châtillon-sur-l'Ain, avec les ruines du château de Mirebel; à gauche, ce sont les ruines des châteaux de Beauregard et de Binans. Le tout forme un ensemble des plus harmonieux, les vallées et les montagnes, reliées entre elles par de longs rubans de prairies aux mille couleurs, se découpant sur un lointain azuré dans lequel se perdent les cimes fuyantes des ramifications du Jura.

Si l'on revient de la source du Pilé en passant par la Rochette et la route de Moirans, après avoir fait l'ascension dont nous venons de parler, deux heures au moins sont nécessaires : mais le touriste, même le plus exigeant, ne les regrettera pas... Et puis, c'est à vous que je m'adresse, mes aimables lectrices : quel coin charmant que ce sous-bois tapissé de mousse, pour y faire un bon goûter champêtre !...

VII. — Le Saut de la Saisse. -- Distance 6 kilomètres.

(*En vélo* : aller et retour, 1 heure. Route nationale jusqu'à Pont-de-Poitte, puis chemin de la Saisse. Route bien roulante : à 2 kilomètres de Clairvaux, pente de 5 o/o sur 800 mètres, aux Sablières. A Pont-de-Poitte, hôtel Poncet, bien tenu.)

Pour se rendre au *Saut de la Saisse*, le chemin le plus direct qui s'offre au piéton est l'ancienne route de Clairvaux à Lons-le-Saunier. On passe vers le Molard des Fourches, en laissant à droite la promenade des Tilleuls : puis, arrivé au sommet de la montée, on descend presque en ligne directe sur la Saisse, en prenant la bifurcation à Pont-de-Poitte.

Si, placé au milieu du pont jeté sur l'Ain, on plonge la vue au fond de la rivière, on remarque, sur une vaste étendue, d'immenses

entablements de pierres blanches, polies, dont la surface plane et la blancheur sont dues au long travail des eaux qui glissent à leur surface. Disposés çà et là par gradins peu élevés, ces entablements sont sillonnés en divers sens par de longs canaux A quelques cents mètres en aval du pont, le lit de rochers fait brusquement défaut. D'énormes blocs de pierre, sans saillies, superposés les uns aux autres, semblent avoir été entassés là par la main de l'homme. La nature seule pourtant a fait cet inconscient travail. Furieux d'être contrarié dans son cours, l'Ain avec fracas jette ses eaux d'une hauteur de 18 mètres. Quelques blocs percés de trous forment autant de siphons d'où jaillissent de brillantes colonnes liquides d'une impétuosité prodigieuse : actionnées par cette chûte puissante, celles-ci rebondissent pour venir se briser sur les roches inférieures, formant une cataracte écumante d'un très bel effet.

Le Saut de la Saisse fournit une force motrice d'environ 800 chevaux. Aussi de nombreuses usines se sont-elles groupées en cet endroit : scieries, moulins et forges. Celles-ci établies par le marquis de Listenois, prince de Beauffremont, remontent au règne de Louis XV.

Les forges de la Saisse, dont la création fut autorisée par lettres-patentes du 24 mai 1732, restèrent dans la famille de Beauffremont jusqu'au 16 juin 1807, époque à laquelle elles furent cédées à M. Le Mire qui les exploita pendant près d'un demi-siècle. En 1854 elles vinrent se joindre à la société des forges de Franche-Comté tout récemment créée par la réunion de plusieurs établissements similaires de la province.

Les forges produisaient alors, par an, 1.000 tonnes de fers au bois, cylindrés et martelés, en barres, cercles et rubans. En 1875, cet établissement fut transformé en une tôlerie anglaise, travaillant à la houille, dont le produit annuel est aujourd'hui de 3,000 tonnes de tôles minces de 2 millimètres et au-dessous.

Les usines de la Saisse occupent environ 140 ouvriers. Dans un avenir prochain, quand le Jura sera pourvu de nouvelles voies ferrées, cet établissement est appelé sans nul doute à un grand développement, ses produits étant très appréciés dans le commerce.

A deux pas de la Saisse, voilà le gracieux chalet de Mirevent, propriété de M. le Mire, où sont réunies les intéressantes collections préhistorique, gauloise et romaine provenant du lac et des environs de Clairvaux, et dont le propriétaire vous fera les honneurs avec une urbanité parfaite.

Jetons le pied jusqu'à l'endroit où fut découverte la villa gallo-romaine de *Vicourt*, qui se trouve à 1 kilomètre de la Saisse, dans la direction du sud-ouest, puis nous regagnerons Pont de Poitte et la route nationale qui nous ramènera à Clairvaux.

VIII. — La Frasnée (Canton de Clairvaux). — Distance 6 kilomètres.

(*En vélo :* durée du trajet, aller et retour, 1 heure. — Route plane en partie sous bois, très bien entretenue, parallèle au Drouvenant. Laisser les bicyclettes au village.)

Le petit hameau de la *Frasnée* (altit. 646 m.) qui dépendait de la baronnie de Clairvaux, est caché au fond de la gorge qui porte son nom : il forme un gracieux paysage, aux ravissantes proportions, digne d'un pinceau de maitre, et ne comprend que 17 feux. Une magnifique cascade donne naissance à la petite rivière du *Drouvenant* ou *Drouvenne*, dont la source, à l'époque druidique, était sacrée et les rives étaient un foyer de paganisme. Le Drouvenant (drou, dru, vite-venant) descend sur Clairvaux, et après avoir contourné la ville, où il alimente quelques usines, va se jeter à Poitte, dans la rivière d'Ain. Cette promenade est une des plus belles et des plus agréables des environs, une de celles que l'on fait plusieurs fois et toujours avec plaisir.

En sortant de Clairvaux dans la direction de Crillat, prenons la rive gauche du Drouvenant dont nous remonterons le cours : sur une longueur de 5 kilomètres, le chemin que nous devons suivre s'enfonce sous bois, sous un dôme ininterrompu de sapins. Après 3 kilomètres de marche, laissons à gauche le chemin de Crillat et poursuivons tout droit. Çà et là, sur la gauche, à travers les éclaircies que nous offrent les taillis, nous apparaissent la *Roche de Gargantua*, les aiguilles druidiques du *grand et du petit Prinpela* ; puis une ligne hérissée de roches ardues, taillées en fer à cheval, qui va se prolongeant jusqu'au village de Crillat et aux ruines de son vieux château ; enfin, au-dessus de ces ruines, une roche plus élevée encore, au sommet aplati, dont la masse imposante s'étend sur quelques cents mètres de longueur. En face de ces colosses de pierre, une épaisse forêt de sapins nous projette son ombre et nous embaume de ses senteurs résineuses... Mais ici, le Drouvenant fait un écart. Franchissons le pont rustique qui s'offre à nous, et derrière ce massif de vieux noyers, regardez : voilà la Frasnée...

Quelle belle nature ! quel calme ! comme la vue se repose doucement sur ces massifs de verdure dont les mille tons s'entremêlent et s'harmonisent dans un ensemble des plus séduisants ! Ici tout n'est que mousse, fraîcheur et feuillage ! Les gouttes de rosée, comme autant de perles de cristal, scintillent sur les branches, et sous l'action du soleil s'irisent des feux d'innombrables et microscopiques arc-en-ciel. Combien ici nous sommes loin de la nature apprêtée des grandes villes, avec leurs squares symétriquement tracés et leurs fontaines monumentales flanquées de poussiéreuses cariatides ! Combien cet humble coin du Jura, dans sa grandeur sauvage, parle mieux à l'âme et l'élève !... Voici la petite chapelle dont la flèche élancée groupe autour d'elle les quelques maisons du hameau. Elle n'a pas de desservant : mais à certaines fêtes de l'année, c'est dans ce modeste asile que se réunissent les quelques familles du pays. Le doyen, le livre d'heures à la main, récite la prière du soir que tous répètent en commun, pendant que la cloche égrène légèrement ses notes argentines, saluant la dernière heure du jour. Touchant exemple de foi, simple et sans faste, vieil héritage légué par nos pères, qu'on trouve encore caché dans quelques recoins de nos montagnes.

Nous arrivons au but de notre promenade : le bruit sourd qui frappe nos oreilles, l'air humide que nous respirons, nous indiquent la proximité de la cascade. A quelques pas de nous et à l'extrémité du village, une roche gigantesque se dresse à pic à une hauteur de plus de 150 mètres. Du trou béant percé dans ses flancs entr'ouverts s'échappe tumultueuse une énorme masse liquide : c'est le Drouvenant à sa naissance. Ses eaux, resserrées entre les parois étroites du rocher, s'élancent d'un bond prodigieux pour aller se briser furieuses sur les blocs noircis amoncelés à sa base. Du pied de la roche, à travers un lit de pierres anguleuses et moussues, le torrent se rue et bondit : çà et là quelques îles minuscules avec leur bouquet de saules luttant contre la violence du courant qui courbe et fait plier leurs tiges. Partout jaillit l'onde bouillonnante d'où émergent, noirs et visqueux, les troncs noueux des sapins suspendus sur le gouffre. Une vapeur froide et glaciale s'élève sur le torrent : les arbres plus vigoureux, les feuillages plus épais plient sous le poids de l'eau qui les recouvre et les teinte d'une verdure intense.

Après la fonte des neiges, ou après de grandes pluies, l'orifice de la source ne suffisant plus au dégagement des eaux, celles-ci, chassées par elles-mêmes et cherchant une issue, montent dans une sorte de cheminée naturelle, le *Trou des Gangônes*, et viennent jaillir à la pointe du rocher, au sommet du *Grand Dard*. Quel beau spectacle alors que cette immense gerbe d'eau tombant d'une hauteur de plus de 400 pieds, transformée dans sa chute en une véritable colonne d'écume blanche dont le poids écrasant vient s'abattre aux pieds du torrent !...

Le *Trou des Gangônes*, dans lequel on n'avait pas encore pénétré, vient tout récemment d'être exploré par la section du Club-alpin de Lons-le-Saunier. A travers mille obstacles, les hardis chercheurs entrèrent dans le sein de cet abime vierge encore de toute trace humaine, et trouvèrent, à une profondeur de 80 mètres, un souterrain sur lequel chaque touriste eût le plaisir inédit, à coup sûr, de naviguer sur une frêle embarcation. Ce petit lac, qui mesure environ 5 mètres de profondeur, sert de réservoir au Drouvenant.

Une grotte presque inaccessible s'ouvre dans la paroi verticale du rocher : on la désigne sous le nom de *Grotte à Lacuzon*. Il y a un demi-siècle environ, on y découvrit un squelette bien conservé ayant à son côté une épée datant du xvie siècle. Quelques-uns ont cru voir dans ce cadavre celui du fameux héros franc-comtois : de là le nom qui baptisa la grotte.

Après leur chute prodigieuse, les eaux du torrent viennent mourir presque à l'entrée du village. A gauche, la gorge se resserre et se prolonge en une longue bande de prairies. Quelques collines laissent doucement s'incliner leurs pentes aux pieds d'une haute montagne de sapins dont la ligne noire coupe brusquement l'horizon. Ici plus de voies de communication : à peine un sentier faiblement tracé par le pas des bûcherons. Nous sommes en plein site sauvage où règne le calme absolu, où dort le silence.

S'il se trouve parmi nous quelques esprits en quête de sensations peu banales, imbus de poésie, je les engage à attendre ici le déclin du jour. Bientôt le soleil couchant viendra dorer de ses rayons la cime des hauts sapins ; les ombres des collines s'allongeront lentement sur la prairie. A l'heure du crépuscule, quand la nuit tombera sereine et pure, la lune montera majestueuse dans un ciel étoilé, jetant sa teinte blafarde sur ce décor de féerie. Tout s'argentera autour de nous... Les bois et les forêts nous feront entendre des voix mystérieuses, les objets qui nous environnent revêtiront des formes fantastiques : et qui sait ? peut-être discrètement assisterons-nous, à quelque danse nocturne de farfadets et de gnômes...

Et puis,

> C'est l'heure où des rochers, de longs voiles couvertes,
> En fantasques essaims sortent les Dames vertes,
> Attirant par leur chants le voyageur charmé :
> C'est à cette heure enfin que rayonne la Vouivre,
> Cette nymphe-serpent aux écailles de cuivre,
> Sur sa tête portant un rubis enflammé !... (*)

Mais non, ne craignez rien. Ce bruissement de feuilles qui vous fait tressaillir, c'est le bois qui s'éveille sous les caresses de la brise fraîche et salutaire que vous êtes venus chercher ici. Et là-bas, ces formes douteuses, au bord de la clairière, qui semblent s'avancer timides et craintives, voyez, mais ni un mot, ni un souffle : nez au vent, et dressant l'oreille, c'est une famille de chevreuils qui sort lentement du taillis et vient jusqu'à l'aube pâturer dans la prairie... Beau tableau digne d'un Courbet !...

Si nous remontons dans la forêt en face de nous, nous arrivons à Châtel-de-Joux où nous trouverons de jolies cascades qui alimentent quelques scieries primitives.

IX. Les ruines des châteaux de Beauregard et de Binans. (Distance 7 kilom.)

(En vélo : durée du trajet, une heure, et une heure pour faire l'ascension. — Route plane de Clairvaux à Lons-le-Saunier. — A Pont-de-Poitte, hôtel Poncet. En sortant de Clairvaux, à 2 kilomètres, aux Sablières, descente de 5 o/o sur une longueur de 800 m. Laisser les bicyclettes à Buron, aller à pied jusqu'au moulin, au bas de la ligne du tramway, et demander le sentier qui conduit aux ruines.

On se rend à Beauregard (Bel, le soleil, regard, en face de), par la route nationale de Clairvaux à Lons-le-Saunier, en passant par Pont-de-Poitte, jusqu'à la tournerie située à 2 kilomètres de Buron.

A peine au sortir de Clairvaux, le voyageur aperçoit devant lui les ruines du château de Beauregard (667 m.) : de n'importe quel point de la Combe d'Ain qu'on les regarde, leur silhouette se détache très nettement sur l'horizon. Ce qui mérite surtout d'attirer l'attention du touriste, c'est la position exceptionnelle et unique dans la région qu'occupait jadis ce château-fort. Beauregard, en effet, domine la vallée de l'Ain entière, tous les châteaux du voisinage, ainsi que les villages échelonnés sur les pentes du second

(*) L. Mercier, poète franc-comtois.

plateau : du côté de la plaine, et par un temps favorable, l'œil peut même apercevoir jusqu'aux légères sinuosités des collines de la Bourgogne. De la hauteur sur laquelle elle était assise, cette forteresse commandait le col qu'elle ferme pour ainsi dire, le *passage de l'Heute*, et terminait ainsi cette longue ligne de châteaux dont les ruines se découpent à pe! .e dans le lointain : *Binans, Mirebel, Montrond* et *Chatillon*. La hauteur des murs surtout est remarquable. Quelques-uns, moins attaqués par le temps, attestent encore aujourd'hui la solidité de leur construction primitive : on y voit les restes en assez bon état d'un passage secret qui était pratiqué dans leur épaisseur.

Beauregard était le siège d'une seigneurie relevant du château de Pymont, et fut démoli par Louis XIV, en 1668.

Du manoir superbe, de toute cette splendeur passée, il ne reste aujourd'hui qu'une noire muraille, dont les pierres calcinées se détachent de loin en loin sous le souffle du vent. Le temps a tout effacé :

> « Sous ses pieds, comme un verre, il a broyé tes dalles ;
> « Il a tranché la tête à tes tours féodales ;
> « Tes fossés si profonds, sa main les a comblés.
> « Dans ces cours, où joûtaient des chevaliers superbes,
> « Tes hauts murs à créneaux sont perdus sous les herbes ;
> « La chèvre broute en paix sur tes ponts écroulés. (*)

Le magnifique panorama qui, de ce sommet élevé, se déroule aux yeux du touriste étonné, mérite à lui seul les quelques heures que l'on consacre à cette promenade. Rien de plus grandiose que cette immensité où l'œil se perd, véritable mer aérienne, dont les flots vaporeux et éthérés se nuancent de mille reflets changeants, tantôt d'un gris faiblement moiré et laiteux comme l'opale, tantôt d'un bleu d'azur intense, teinté çà et là par l'ombre violacée des montagnes où les vallées jettent leur note sombre et plus accentuée.

Sur un mamelon voisin, au pied de la chaine de l'Heute, le château de Binans (alt. 639 m.) dresse aussi ses ruines, moins apparentes que celles de Beauregard, mais plus importantes et plus étendues. Le touriste peut gravir, s'il le veut, l'ancien chemin seigneurial qui descend à Binans, village traversé par une ancienne voie romaine dont le pavage de pierre subsistait encore, il y a quelques années. A remarquer aussi deux puits d'un très grand diamètre, creusés par les Romains pour abreuver leurs chevaux. Il existe, du reste, dans la région d'autres puits du même genre et de même origine, d'où le village de *Poids de Fiole (puits de Fiole)* a

(*) A. Demesmay.

tiré son nom. Mais ces puits sont en partie comblés, alors que ceux de Binans sont parfaitement intacts.

Avec la seigneurie de Beauregard, la baronnie de Binans fut détruite par Louis XIV, en 1668.

X. Les ruines de la Chapelle et du Château de Saint-Sorlin. — (Distance 8 kilomètres.)

(En Vélo : Durée du trajet, aller et retour, 1 heure 30. — Route nationale de Clairvaux à Lons-le-Saunier, jusqu'à la borne située en bas de la descente des Sablières, puis route de Champagnole au village de Charézier et chemin vicinal de Charézier à Lieffenans. Auberge à Charcier : voies en bon état et roulant bien. Après avoir franchi le pont de Vertamboz et celui établi sur la Syrène, montée de 3 kilomètres avec pente de 4 o/o. Laisser la bicyclette à Lieffenans et monter aux ruines (20 minutes.)

Si le touriste veut jouir d'une des vues les plus étendues des montagnes du Jura, nous lui recommandons cette excursion qui, bien qu'ayant quelque similitude avec celle de Beauregard, offre cependant à l'amateur un attrait plus séduisant par la beauté du panorama qu'elle présente. Le mont Saint-Sorlin est situé au nord du village de Lieffenans, sur les bords de l'Ain et à 8 kilomètres de Clairvaux : de son sommet, le touriste embrasse d'un coup d'œil la Combe d'Ain tout entière. Sur le haut de la colline, une chapelle délabrée et un château en ruines.

La chapelle, érigée sous le vocable de Saint-Saturnin (par corruption Saint-Sorlin), passe avec l'église de Saint-Etienne de Coldre, près de Conliège, pour le plus ancien sanctuaire chrétien élevé dans la Comté. Quand on y célébrait l'office divin, un bûcher allumé sur le haut de la montagne annonçait au loin la célébration du Saint-Mystère, invitant ainsi les fidèles à unir leurs prières à celles de l'officiant. Depuis de longues années cette chapelle a été abandonnée : elle fut restaurée au commencement du siècle par un habitant du pays qui y fit construire en même temps l'ermitage abandonné également aujourd'hui.

Le château de Saint-Sorlin n'est plus maintenant qu'un monceau de ruines. A l'époque romaine, Saint-Sorlin était divisé en 3 parties : la *villa*, le *castrum* et enfin le *castellum* dont les ruines subsistent seules actuellement. Sous la féodalité, il eut aussi ses heures de célébrité et de splendeur, dont il ne reste plus que le vague souvenir. Tour à tour possédé par les seigneurs de la Baume, de Gosseved et par les Beauffremont, marquis de Clairvaux, il fut brûlé en 1361 par les *routiers* et disparut entièrement à la suite des guerres du XVIIe siècle.

En résumé, excursion très agréable : vue splendide.

XI. La Chartreuse et le lac de Bonlieu, le Saut-Girard. —
(Canton de Saint-Laurent.) Distance 11 kilomètres.

(*En Vélo* : Durée du trajet, aller et retour, 1 heure 30. Route nationale 78 de Nevers à Saint-Laurent, très accidentée. Hôtels Tournier et Prost au village de Bonlieu. — Montée de 9 kilomètres, rampe de 4 o/o, à partir de Clairvaux. Prendre à droite, au-dessus de la montée le chemin qui conduit au lac et à l'abbaye (1.500 mètres).

Bonlieu avec son lac (altit. 826 m.) est un des coins les plus beaux et les plus gracieux qu'on puisse rencontrer dans les replis du Jura. Heureusement encadré par une suite de montagnes, de rochers, de collines et de sapinières, le monastère avec son vieux cloître gothique se cache au fond d'une solitude pleine de fraîcheur, discrètement abrité par les sapins et les roches qui le protégent : l'ensemble forme un cirque naturel, à parois verticales, au centre duquel dort un lac dont les eaux aux reflets de turquoise ajoutent encore à l'effet de ce mystérieux tableau. Vu des terrasses de la Chartreuse, le lac offre un aspect qui ne peut se décrire : dans ses ondes se mire la pointe aigue du *Gribolet* et dans cette enceinte de verdure, qui semble close presque de toutes parts, on sent planer un silence de mort que seul le vol audacieux de l'aigle et le cri strident du hibou viennent quelquefois troubler.

C'est ici le vrai coin des légendes... Pour peu qu'elles vous intéressent, on vous dira dans le pays que souvent le *cavalier*, botté, casqué et monté sur un cheval blanc, traverse rapidement les airs pour venir attacher son cheval au rocher de Celles ; toujours prêt à rendre service aux voyageurs et surtout aux amoureux, il les prend en croupe et leur fait franchir des distances fabuleuses. On assure que c'est lui qui revient quelquefois dans les sentiers de la forêt de Bonlieu où il aurait été égorgé par une troupe de chats noirs, dans un sabbat tenu par ceux-ci au pied d'un arbre... *La Vouivre* habite les ruines du château de l'Aigle, et un *Esprit servant* travaille sans cesse au château de Montnans. . On vous dira aussi que la *Dame-Blanche* conduit le voyageur trop crédule au-dessus des lacs de Chambly ; que les *Folets* dansent leur ronde au Saut-Girard et que la *Dame du Lac* a métamorphosé Narlay en lac pour se venger de l'inhospitalité de ses habitants. La Dame du Lac, qu'on appelle aussi *La Dame-Blanche*, hante de préférence *La Combe aux Folets*, dans le petit vallon de la *Fromagerie*, à côté du Saut-Girard. Les croyants affirment que chaque année, à minuit de Noël, on entend le coq du village submergé chanter au fond du lac...

Le lac de Bonlieu a une largeur de 600 mètres environ sur une longueur d'un kilomètre. C'est dans son sein que prend naissance *le Hérisson* qui fait non loin de là, au Saut-Girard, une chûte de

3.

15 mètres, dans un hémicycle très régulièrement creusé. Poursuivant sa course jusqu'au *Saut de la Montagne* où il forme une nouvelle cascade de 40 mètres, il fait enfin un troisième saut au *Saut du Val de Chambly* (60 mètres), pour alimenter ensuite deux lacs avant d'aller se jeter dans l'Ain.

L'origine de la Chartreuse de Bonlieu remonte au XIIᵉ siècle : c'est à Thibert de Montmorot ou Montmoret que l'on doit la fondation de ce monastère. L'histoire a conservé le souvenir des batailles que les moines de Bonlieu livraient à leurs voisins, les moines de l'abbaye de Grandvaux et aux seigneurs de Vaudrey, au château de l'Aigle. Vendu en 1793, le couvent fut démoli peu après. Le verger situé à gauche du lac représente l'emplacement occupé autrefois par l'église et le cimetière. Les stalles du chœur ont été transportées dans l'église de La Chaux-du-Dombief : la chaire du même style est aujourd'hui dans l'église de Doucier.

XII. Le Pont de la Pyle et La Tour du Meix. — (Canton d'Orgelet.) Distance 15 kilomètres.

En vélo : durée du trajet, 3 heures aller et retour. Bonne route par Pont-de-Poitte et la Tour-du-Meix. A Pont-de-Poitte, prendre la route d'Orgelet : laisser le village de Marsonnay à gauche, au pied de la côte... Montée de 3 o/o sur 2 kilomètres. En haut de la montée, laisser à gauche la route qui conduit à Saint-Christophe et aller tout droit jusqu'au pied d'Entre-les-Roches : là, prendre à gauche la route de la Tour-du-Meix où il faut laisser sa bicyclette. De là au pont de la Pyle, 1/2 heure à pied ; un sentier à gauche descend à mi-côte, à la grotte à Varroz.

Le pont de la Pyle a tiré son nom d'un pont jeté sur l'Ain, au fond d'une vallée déserte, d'aspect sauvage, appelée le *Défilé de la Pyle*, où le cours de la rivière se transforme en véritable torrent dont les eaux écumantes viennent se briser tumultueusement contre les rocs blanchâtres qui émergent de son lit. .

Nous pouvons suivre un itinéraire différent de celui que nous avons indiqué plus haut.

Au sortir de Clairvaux, prenons la droite du lac et suivons la route de Moirans jusqu'à Meussia, en laissant à droite le hameau de Coyron. A 2 kilomètres de Meussia, le chemin débouche brusquement sur la vallée de l'Ain et de ce point culminant se déroule un superbe tableau. Une série de chaînes montagneuses de hauteurs inégales s'étagent successivement s'estompant des nuances les plus variées, du bleu sombre des sapins au gris azuré des vapeurs matinales et des brouillards. Au creux de la vallée, l'Ain roule silencieusement ses ondes verdâtres, décrivant une courbe en fer à cheval, pour tracer une presqu'île dont la conformation rappelle exactement le massif rocheux sur lequel fût bâtie l'antique Vesuntio.

Comme celui-ci, elle a son sommet couronné d'un rocher gigantesque, dont les flancs, taillés par une main de géant, tombent perpendiculaires jusqu'aux rives de l'Ain... En avant de ce fer à cheval, deux petites iles s'étendent sur un lit de sable, parées çà et là de quelques bouquets d'arbres, fraîches oasis qui émergent gracieusement du sein de la rivière dont le ruban capricieux se prolonge par mille détours à travers un dédale des plus pittoresques.

Poursuivons notre chemin et descendons au fond de la vallée. Et vous, cyclistes, descendez prudemment de vos bicyclettes : la pente que nous nous allons suivre, sur un chemin rocailleux, exige de tout véhicule une allure plus que modérée. Mais, en un quart d'heure nous sommes au bas de la côte : voici le *Pont de la Pyle*.

Le Défilé de la Pyle d'une longueur d'un kilomètre, d'une hauteur de 40 mètres sur une largeur de 55 mètres, fut, dit-on, l'œuvre de César et aboutit au Pont de la Pyle. Le pont primitif en bois, incendié en 1814 pour couper la marche des alliés, fut remplacé en 1820 par un pont de pierre d'une seule arche, entièrement couvert. Il ne reste, de cette époque, que les assises seules : la toiture vermoulue, les piliers et les côtés du pont ont disparu, remplacés par un moderne tablier en fer. Mais le site naturel n'a pas changé. Avant d'atteindre les iles couvertes de saules que l'on domine du haut du pont, l'Ain se réveille de sa torpeur, ses eaux s'agitent, tantôt creusant des golfes minuscules ou *entonnoirs*, dans lesquels la truite et le brochet pullulent, tantôt roulant ses eaux à travers les blocs séculaires qu'elles ont creusés et taillés de mille façons bizarres.

Encaissé dans les parois touffues de deux forêts richement boisées, le défilé de la Pyle évoque un souvenir historique qui a son intérêt. Non loin de là, la *grotte à Varroz* et le *Champ Sarrazin* rappellent les hauts faits d'armes du capitaine Lacuzon, le héros du roman de Xavier de Montépin. C'est là, dit-on, que Lacuzon descendit dans une barque le corps du curé Marquis, son compagnon d'aventures, et lui fit avant de l'ensevelir son suprême adieu.

La Grotte, ou plutôt la *Baume à Varroz,* se trouve à l'est de la Tour-du-Meix, au-dessous du *Champ Sarrazin,* sur la rive droite de l'Ain. D'un accès très difficile, elle présente son ouverture surbaissée et se compose de plusieurs pièces précédées d'un couloir oblique. Ce séjour froid et humide servait de refuge à la famille Varroz : c'est du fond de cet antre que le fameux chef de partisans fit aux Français, qui le sommaient de se rendre, cette énergique réponse : « *Non, de par tous les diables* »! réponse que l'on cite encore dans le pays où le souvenir du fier Comtois est encore très vivace... Cette grotte a servi aussi à abriter des prêtres proscrits pendant la grande Révolution.

Le Champ Sarra̧zin, appelé aussi le *Camp des Sarra̧zins*, est situé non loin du petit village de *Saint-Christophe*, sur un plateau dont les flancs sont formés de roches presque inaccessibles, entourées par la rivière de l'Ain. Quelques historiens font remonter au ve siècle la construction de ce mur que les Sarrazins auraient élevé pour leur servir de refuge contre les attaques des Barbares.

Pour visiter la *Grotte à Varro̧x*, il est nécessaire de demander un guide à la Tour-du-Meix (478 m.) Ce bourg, un des plus anciens de la Séquanie, se trouve à deux kilomètres, sur l'ancienne route de Lons-le-Saunier à Moirans. Pour y arriver, on traverse un col étroit, taillé entre deux roches verticales et parallèles qui n'ont pas moins de deux cents pieds d'élévation. La Tour-du-Meix était la résidence préférée des abbés de Saint-Claude : les ruines du vieux château se dressent sur la hauteur voisine. On raconte dans le pays que chaque soir une *vouivre* étincelante voltigeait entre la tour du Meix et celle d'Orgelet. C'est au château de la Tour-du-Meix que fut hébergé Louis XI, lors de son pèlerinage à

Saint-Claude (1482) : c'est là aussi que Pierre de la Baume, dernier évêque souverain de Genève, apprit la révolte de sa ville gagnée par les protestants...

On ne voit pas l'origine exacte du petit *Château Sarrazin* qui fut construit, sans nul doute, pour protéger la jolie gorge de *Giron* : les seigneurs de la Rochette le reconstruisirent au xii° siècle et le cédèrent en 1266 à l'abbaye de Saint-Claude, sous le nom de château de Charbonnel. Du haut du *château Sarrazin*, on embrasse d'un coup d'œil presque toute la Combe d'Ain.

Encore trois kilomètres et nous arrivons à Orgelet où nous trouverons bon accueil, bonne cuisine et bon gîte. Nous y goûterons la vraie truite de l'Ain, à la chair savoureuse, le fin civet fait avec le lièvre *du pays* : vous me direz si ces mets, dignes d'un Vatel, ont quelque chose de commun avec ceux que l'on mange à Paris... Si nous couchons à Orgelet, nous visiterons à notre lever les ruines très curieuses du vieux château féodal, ainsi que l'église très ancienne, et nous reprendrons, après déjeuner, le chemin qui en deux heures et demie de marche, et en plaine, nous ramènera à Clairvaux en passant par Pont-de-Poitte.

Orgelet, petite ville de 1750 habitants (492 m.) était à l'époque celtique une *ville sainte* et un centre important de druidisme lors de l'invasion romaine. Elle devint ensuite un poste militaire avec son *castellum* et son *castrum*. Au moyen âge, la baronnie d'Orgelet possédait des terres très étendues, et le bailliage comprenait dans son ressort plus de 190 villages. Le château fort, dont il reste quelques pans de murailles, était bâti sur l'emplacement de l'ancien *castellum* : il fut en partie saccagé par Charles d'Amboise (1479), puis par le maréchal de Biron en 1585.

Orgelet devint pendant de longues années la résidence des princes de Châlon : on a trouvé dans ses environs un grand nombre de *tumuli* et quantité d'objets de l'époque gallo-romaine.

XIII. Le Lac de Chalain. — (Canton de Clairvaux). Distance 16 kilomètres.

En vélo : Durée du trajet, aller et retour, 2 heures, par Charcier et Doucier : dans ce dernier village, (à 13 kilomètres de Clairvaux) hôtel Lamy, très bien tenu, garage pour bicyclettes, gibier et poisson. Trois kilomètres pour se rendre sur les bords du lac, par un chemin vicinal mal entretenu.

Le vallon de Chalain, creusé de l'Est à l'Ouest, sur le deuxième plateau de la montagne (669 m.), renferme le lac le plus grand dont s'enorgueillisse le Jura : il se développe sur un espace de 220 hectares dont le lac, comme un immense miroir, occupe la profondeur. Admirable est cette nappe d'eau, resserrée dans son pittoresque fer

à cheval, avec sa ceinture de montagnes et sa couronne de rochers
dont le granit s'entr'ouvre çà et là sous l'effort des racines de quelque arbre noueux. Deux chemins côtoient ses bords, perdus sous le
feuillage, pour aboutir dans une prairie aux pieds d'une roche où
s'abritent les tourelles d'un château gothique dont les pignons aigus
se reflètent coquettement dans les eaux : le château de Chalain
mérite une visite détaillée. A côté du lac passait autrefois la voie

romaine de Besançon à Poligny et à Antre. La route actuelle de
Clairvaux à Champagnole contourne le lac, de Doucier à Marigny,
(4 kilom.).

Au sommet des roches, le village de Fontenu (215 habitants)
laisse ses premières maisons s'avancer témérairement jusqu'au bord
de l'abîme, où elles semblent vouloir un jour s'engloutir. Au fond
du cirque, à travers les blocs de pierre qui tentent d'arrêter leur
passage, trois ruisseaux jaillissent des profondeurs souterraines
pour aller jeter leurs eaux dans le lac qu'elles alimentent. Quel
spectacle impressionnant quand, au coucher du soleil, les monta-

gnes perdues dans la brume vaporeuse du soir se couvrent de leur sombre manteau! Les roches grises, piquées par endroits de vigoureux bouquets d'arbrisseaux, projettent leur image fantastique dans les eaux bleues dont le remous semble s'apaiser peu à peu comme pour s'endormir avec la nuit. Mais quel tableau plus imposant encore quand, par une claire nuit d'été et sous un ciel semé d'étoiles, la lune vient éclairer de ses rayons d'opale le lac assoupi !

Reportons-nous par la pensée aux premiers temps des Gaules, et dans ce cadre si majestueusement beau, représentons-nous une foule de Gaulois pieusement assemblés autour du Druide pour un sacrifice humain. Drapé dans les longs plis de sa robe, son couteau d'or à la main, le prêtre solennel va fouiller les entrailles humaines que le sort a désignées et dont les tortures apaiseront peut-être la divinité. Le sang coule, la victime expire, pendant qu'un vieux Barde aux cheveux de neige, couronné de chêne et appuyé sur sa lyre, chante d'une voix vibrante et sonore les stances de l'hymne divin que redit à demi-voix la foule recueillie et que répète mystérieusement l'écho de la nuit... De quelles scènes grandioses ces lieux si pleins de poésie ont dû être les témoins! Et combien imposantes devaient être ces solennités religieuses célébrées par nos pères, dans un temple si merveilleusement construit par le Créateur, avec le ciel pour dôme et l'immensité pour horizon ..

Chalain est un but d'excursion très fréquenté : le touriste y passera une agréable journée, et l'artiste ne quittera pas ce site merveilleux sans l'avoir esquissé sur son album. Le lac étant éloigné de Doucier d'environ 3 kilomètres, les promeneurs pourront, soit dîner à l'hôtel Lamy, soit y prendre des provisions pour faire un dîner champêtre dans une des nombreuses clairières situées sur ces bords enchanteurs... Autour du lac, on trouve des barques qui permettent au touriste de faire une bonne partie de canot, voire même de pêche...

XIV. Les Crozets. — (Canton de Moirans.) Distance 18 kilomètres.

En vélo: 3 heures, aller et retour: montée de 4 kil. en quittant Clairvaux. Route départementale roulant bien. Hôtel Tournier bien tenu. Belle vue, au départ, sur le lac de Clairvaux.

Les Crozets (208 habitants) sont un village situé sur le 2e plateau du Jura, à moitié chemin de Clairvaux à Saint-Claude, entre le bassin de la Bienne et celui de l'Ain. Entourés de montagnes abruptes et bien boisées, (914 m.) ils dominent une vallée encaissée entre deux sapinières, qui s'ouvre brusquement dans la direction de Saint-Claude. Partout des rochers et des sapins : çà et là quelques chalets dont la toiture embrunie tranche sur le

vert tendre des prairies... C'est un petit village paisible et tranquille
à recommander au malade en quête de repos, où il renaîtra prompte-
tement à la vie, sous l'action vivifiante de l'air pur qu'on y respire.

Du plan incliné qui s'étend à droite de l'église. une belle pers-
pective s'offre aux yeux du touriste : devant lui, la vallée sombre et
sauvage descend et s'enfonce comme une trouée sans fin, pour
aboutir au cirque rocheux où Saint-Claude abrite ses tourneries et
ses tailleries de diamants. La route très pittoresque conduit en

zigzags le voyageur jusqu'aux bords de la ville. Trois chaines de
montagnes parallèles et successivement étagées dressent au loin
leurs crêtes ardues dont la silhouette se dessine à peine, perdue
dans les vapeurs du brouillard. Et là-bas, dominant fièrement les
pics dénudés qui les environnent, voilà le Cret de la Neige (1723 m.),
le Reculet (1720) et le Colomby (1681 m.) dressant superbement
leurs têtes, comme trois sentinelles géantes placées aux avant-
postes pour veiller à la frontière extrême du Jura.

Pour se rendre aux Crozets, trois heures de voiture sont nécessaires. La route très accidentée, à travers les forêts de sapins, est

des plus agréables. On passe à *Châtel-de-Joux* (811 m.), un joli
coin de vallée dans la haute montagne, siège d'une ancienne
seigneurie, où l'on voit encore les traces d'un *castellum* et d'un
château-fort détruit sous Louis XIV... Puis voici *Etival* (796 m.),
ancienne bourgade gallo-romaine (æstiva castra) : elle possédait un
castrum qui, avec le *castellum* de Châtel-de-Joux, protégeait la voie
de Clairvaux à Antre, Condat et Genève... Et enfin, les Ronchaux
(822 m.), dépendant autrefois de la châtellenie de *Castel-de-Joux*.

Descendre des Crozets à Saint-Claude (418 m) par la route qui
serpente jusqu'au fond de la vallée est sans contredit une jolie
promenade à faire : on peut revenir à Clairvaux dans la même journée. Pourtant mieux vaut coucher à Saint-Claude et visiter la ville,
aussi curieuse par sa situation pittoresque que par les souvenirs
historiques qui se rattachent à son passé et par l'activité de son
industrie. Les bibelots de Saint-Claude sont connus du monde
entier !

> On fait de tout, par là : des mètres, des lunettes,
> L'argenture Ruolz, les pipes, les navettes,
> L'élégant tournebroche, et puis les chapelets,
> Les montres et l'émail, les clous et les sifflets :
> On transforme la corne et le buis et l'ivoire
> En mille objets charmants..... (*).

Les Rosset, « qui pétrissaient l'ivoire », avaient leur atelier à Saint-
Claude : ils ont laissé un nom célèbre dans ce genre d'industrie.

Mais, que le touriste se trouve à Saint-Claude ou à Morez, s'il
peut disposer d'une journée, qu'il ne manque pas de faire l'inoubliable excursion au Col de la Faucille.

1er Itinéraire. — *De Saint-Claude à la Faucille, 27 kil., quatre
heures de voiture.*

La route est dure et accuse fréquemment des rampes de 10
à 15 et 18 o/o, sur plusieurs kilomètres. Dans cette région,
l'hiver est rigoureux : les villages restent enfouis pendant des
mois entiers sous plusieurs mètres de neiges... On passe aux pieds
du *Bayard* (956 m.), au village de *Montépile,* un des sites les plus
sauvages et les plus dangereux du Jura ; à *Septmoncel,* où se fabrique
un fromage bleu bien connu, et où se pratique la taille des pierres
fines. La route remonte aux *Moussières,* riant pays plein de mousse,
de sapins et d'ombrages, où la fraicheur des nuits donne une végé-
tation luxuriante, d'une verdure intense. On arrive à *Lajoux*
(1182 m.) pour redescendre ensuite sur *Mijoux* (961 m.) au fond de
la vallée, et l'on remonte enfin au **Col de la Faucille.**

(*) Le Jura, par G. Blondeau, poète jurassien, à Champagnole.

2ᵉ Itinéraire. — *De Morez à la Faucille,* 29 kilom., par les Rousses, cinq heures de voiture.

De Morez aux Rousses, 9 kil., la route monte continuellement avec une pente de 5 p. o/o. Le fort des Rousses s'aperçoit à 2 kilomètres avant d'arriver au village : au nord, le fort du Risoux (1386 m.).

Le village des Rousses (1135 m.) adossé au Risoux, touche la frontière suisse : il sépare la vallée de l'Orbe de celle de la Bienne et fait face au Noirmont (1550 m.). Son église occupe précisément le point culminant du partage des eaux entre le bassin du Rhône et celui du Rhin. Autrefois les Rousses dépendaient de la terre de la Mouille qui appartenait aux religieux de Saint-Claude : du terre-plein de l'église, beau coup d'œil sur le lac (*).

A 3 kilomètres des Rousses, voici la *Cure* : à gauche, la route de Saint-Cergues-Nyon ; à droite la route de Gex et de Genève. On suit la belle vallée des *Dappes*, et l'on arrive au *Tabanio* (1262 m.), où le père Ferrux fait goûter sa délicieuse liqueur de gentiane. Nous sommes ici aux pieds de la Dôle (altit. 1680 m.) du sommet de laquelle 100 lieues de pays se déroulent sous les yeux : le Léman, les Alpes, le Simplon, la Gemmi, le Mont-Blanc.

> Cette cime, là-bas, ayant une auréole
> De brouillards irisés, regardez, c'est la *Dôle.*
>   La Faucille à côté
> Comme un fort de géants lève sa crête aride.
> Puis, voici le Mont-Tendre, avec sa pyramide
>   Pleine de majesté... (**)

Du côté de la France, on domine les monts Jura avec leurs soulèvements ; et à l'ouest, la vue se perd sur la plaine immense qui descend jusqu'aux chaînes de la Côte-d'Or et du Maconnais : d'un coup d'œil, on embrasse la Franche-Comté tout entière. Encore quelques kilomètres et tout à coup, devant nous, à un brusque détour de la route, s'ouvre le fameux **Col de la Faucille** (1323 m.).

Ici, c'est un tableau merveilleux, un spectacle inoubliable, unique, que nulle expression ne saurait décrire... Comme à nos pieds, voici la ville de Gex, avec une immense plaine, le pays de Gex ; le canton de Vaux, le bassin et la ville de Genève avec la nappe bleue du Léman et toute la région de la Haute-Savoie qui s'étend aux pieds du Salève (1200 m.). De l'autre côté du lac, la vallée de l'Arve bordée d'une longue suite de montagnes : les Voirons, le Pic du Môle, et ceux du Bornand (934 m.) et des Aravis.

(*) Aux Rousses, Hôtel de la Couronne, veuve Lizon : Déjeuner 2 f. 50, dîner 2 fr. 50, chambre 1 fr.

Hôtel de France, Radix Malfroy. Installation et arrangements spéciaux pour touristes.

(**) L. Mercier, poète bisontin.

Plus loin, au sud, la Tournette (2357 m.) et le Semnoz (1708 m.). Et au fond, sur une longueur de plus de 100 kilomètres, le ruban moiré des Alpes se profile avec ses sommets couverts de neige : tandis que là-bas, au fond de cet incomparable amphithéâtre, se dresse le Mont-Blanc, géant superbe dont le front majestueux se perd dans les nues!... (4810 m.)

> Et par delà ces monts radieux ou moroses,
> Le Mont-Blanc, au milieu des grandes Alpes roses,
>   Apparaît solennel :
> Tel qu'un phare sublime, il plane dans l'espace
> Et semble supporter sur ses longs pics de glace
>   La coupole du ciel!... (*)

Autour de nous, quel joyeux concert ! Les clochettes et les *campènes* pendues au cou des vaches laitières, mêlent leurs notes claires et variées au beuglement grave et traînant des taureaux. Les bergers du pays, les *armaillers*, chantent sur un rythme monotone leurs refrains montagnards, pendant qu'au loin perce le cri aigu du faisan et retentit comme une sonnerie la voix éclatante du coq de bruyère!..... Que nous sommes loin des bruits de la grande ville ! Les heures s'écoulent vite en face d'un spectacle si grandiose auquel on ne s'arrache qu'avec regret et l'esprit frappé d'une impression ineffaçable... Nous sommes loin aussi de Clairvaux : mais combien nous nous féliciterons d'avoir donné une journée à cette excursion que nous n'oublierons jamais !

A la Faucille, deux hôtels : *l'hôtel de la Couronne* et *l'hôtel Regad*. Dans ce dernier, on trouve tout le confort désirable, même un musée, des guides, et des lunettes à longue portée : partout un accueil empressé et une grande cordialité (**).

Ces deux excursions peuvent se combiner, et nous conseillons à tous ceux qui désirent avoir une idée exacte des hautes montagnes du Jura, de faire le magnifique circuit : *Saint-Laurent, Morez, Les Rousses, Le Col de la Faucille, Mijoux, Septmoncel* et *Saint-Claude*, d'où l'on peut reprendre le chemin de fer ou revenir à Saint-Laurent. Pour cette promenade au long cours, deux jours suffisent. Mais que de sites ravissants vus en si peu de temps !

De solides voitures et de bons chevaux sont nécessaires pour faire de telles excursions en pays si accidenté. Les touristes pourront se procurer soit à Saint-Claude, soit à Saint-Laurent ou à Morez, aux

---

(*) L. Mercier.

(**) Hôtel Regad. Petit déjeuner 1 fr. Déjeuner 3 fr. 50. Dîner 3 fr. 50. Chambres : 2 fr. et 2 fr. 50. Voitures, à la journée : 20 fr., ou 0 fr. 50 par kilomètre.

Pension au mois, nourriture et chambre : hommes, 7 fr., dames, 6 fr., enfants, prix à débattre.

bureaux des messageries Bouvet, d'excellents breaks et de prudents conducteurs.

XV. Chambly et le Val. — Distance 18 kilomètres.

En vélo : même chemin que pour se rendre à Chalain jusqu'à Doucier. — Durée du trajet, aller et retour, 8 heures. — De Doucier à Chambly, 4 kilomètres, par un chemin roulant bien. A Doucier, hôtel Lamy, recommandé.

A côté du village de Doucier que nous avons traversé en allant au lac de Chalain, et à environ 3 kilomètres au midi de la vallée de ce nom, s'ouvre une cavité naturelle allongée, d'une profondeur plus grande que celle de la vallée de Chalain : nous sommes au *Val de Chambly*. En sortant de Doucier, la vallée se présente large et ouverte : dans son milieu s'étend un lac dont les bords émaillés de plantes et de fleurs aquatiques font un ovale verdoyant d'un bel effet. Suivons le chemin qui côtoie les bords du lac, et nous arrivons à *Chambly*, petit hameau de quelques maisons seulement (522 m.). Un peu plus loin, et relié à son voisin par un ruisseau, voici un nouveau lac, moins coquet que le premier et d'aspect plus sévère, aux lignes moins harmonieuses peut-être, mais plus correctes : c'est le lac du *Val*. A son extrémité, le joli petit village du *Val* semble se mirer dans les eaux qui viennent doucement baigner ses pieds.

La vallée, resserrée entre les hautes roches verticales qui l'emprisonnent, semble d'abord fermée de toutes parts. Au midi, une gigantesque muraille naturelle, taillée à pic, forme une sorte de barrière infranchissable, comme pour abriter le hameau qu'elle domine de sa masse colossale... Mais, traversons devant nous cette prairie, et bientôt, au tournant du sentier, nous jouirons d'un autre spectacle. Admirez ce beau vallon avec cette couronne de rocs qui l'encadrent, disposés en gradins symétriques : à voir la régularité de leurs assises, ces étages de pierres ne semblent-ils pas l'œuvre d'art de quelque main habile ? Du haut de ce monument presque architectural, et d'un bon de 50 mètres, jaillit un ruisseau dont les eaux tumultueuses descendent avec fracas, bondissant de gradins en gradins, tantôt glissant comme des flèches de cristal, tantôt se déchirant aux aspérités pour rejaillir en flots d'écume et former le superbe *Saut du Val de Chambly*.

Prenons ce sentier à gauche de la chute et montons au sommet : nous voici entre deux cascades. Voyez derrière nous cet autre rocher en escaliers d'où le même ruisseau dévale encore par un saut de 40 mètres : C'est le *Saut de la Montagne*. Quel beau coup-d'œil ! Tout cet ensemble combiné avec tant de grâce et d'une façon si magistrale n'est-il pas sorti là, tout à coup, sous le doigt d'une fée ?

Mais ce n'est pas tout. Montons encore au sommet de cette deuxième cascade, et notre petit sentier va nous conduire en pays connu : nous sommes au *Saut Girard*, à deux pas de la Chartreuse et du lac de Bonlieu, berceau du Hérisson, ce petit ruisseau tapageur qui vient si bruyamment jeter sa note de gaieté au milieu de ce ravissant tableau.

Le Club Alpin français, section de Lons-le-Saunier, vient d'établir des sentiers et des passerelles, des belvédères et des main-courante, qui rendent l'accès de ces cascades très facile : des indications sont placées à tous les tournants.

XVI. Les Villards d'Héria, le lac d'Antre. — (Canton de Moirans.) Distance 21 kilomètres.

En vélo : trajet, aller et retour, 5 heures. — Route départementale, plane et bien entretenue. — Repos à Moirans, hôtel Dessoy (*), voitures à volonté. — Laisser sa bicyclette aux Villards d'Héria.

Le joli petit village désigné sous le nom de *Les Villards d'Héria* possède une population de 350 habitants : il est éloigné de Moirans (613 m.) d'environ 3 kilomètres et de 18 kilomètres de St-Claude. Situé à une altitude qui varie entre *664* et *964* mètres, il est en partie assis sur l'Héria, cours d'eau qui par un canal naturel souterrain descend du lac d'Antre et fait mouvoir plusieurs tourneries. Si l'on remonte ce cours d'eau, on rencontre à un demi kilomètre le *Pont des Arches*, vieux pont romain dont on aperçoit les fortes assises. Construit en forme d'aqueduc, ce pont comprenait plusieurs canaux étroits et parallèles bâtis en pierre, sur lesquels s'élevait un temple magnifique. « *Il était pavé*, dit Dunod de Charnage, *de grands carreaux de marbre blanc et incrusté d'autres marbres les plus rares...* »

L'Aqueduc conduisait l'eau au milieu de la vallée, dans un vaste amphithéâtre dont on ne voit plus que quelques traces.

Plus haut on trouve le *Puits noir* et le *Puits blanc*, sortes d'antres dont les profondeurs, dit-on, ont rejeté jadis des paillettes d'or.

Encore quelques efforts et on arrive au sommet de la colline où dort depuis des siècles un petit lac dont on n'a jamais connu ni la source, ni le dégagement. Le lac d'Antre (824 m. d'altitude), d'une circonférence d'environ 600 mètres et très poissonneux, appartenait, avec une grange bâtie sur ses bords, au prieur de Saint Romain de Roche. Du haut du rocher gigantesque qui le domine et dont l'aspect, vu du bas du village, rappelle la forme d'une figure au front ceint d'une couronne, on jouit d'un beau panorama *(1030 m.)*. Les

(*) Hôtel Dessoy. — 8 chambres. — Déjeuner, 2 fr. 50. — Dîner, 2 fr. 50. — Chambre, 1 fr. 50. — Pension au mois, 90 fr. — Chambre au mois, 20 fr. — Voiture à la journée, 12 fr.

bords pittoresques du lac gardent encore les vestiges d'un temple consacré autrefois, selon les historiens, à Jupiter Ammon. Si cette assertion peu sembler quelque peu douteuse, il est certain toutefois qu'à cet endroit s'élevait, il y a plus de 20 siècles, une cité célèbre, la fameuse *cité d'Antre* dont les Druides faisaient leur séjour et où ils instruisaient la jeunesse... Plus tard, l'histoire rapporte que Carloman, fils de Charlemagne, dota cette ville de riches monuments et de somptueux palais où il passa plusieurs années de sa vie.

Les trouvailles faites dans le vallon d'Héria et sur les bords du lac d'Antre, telles que colonnes, mosaïques, cachets, bagues, inscriptions, et surtout les médailles dont l'effigie accusait une date antérieure au ive siècle, donnent à supposer que la cité d'Antre était un centre de civilisation très avancée, dont la splendeur s'éteignit lors de l'invasion des Barbares qui saccagèrent la ville au ive siècle. Toutes ces antiquités forment plusieurs vitrines très intéressantes du Musée archéologique de Besançon... Au petit village de Pratz, on peut visiter un château qui fut habité par Lamartine, et non loin de là, la chapelle de St-Romain, dédiée au moine qui le premier défricha le pays : c'est une des plus anciennes chapelles de la Comté.

De Moirans le touriste peut pousser jusqu'à St-Claude et combiner son excursion au lac d'Antre avec celle du *Col de la Faucille* : deux jours pour cela lui sont nécessaires (voir page 41).

XVII. L'abbaye de Vaucluse. — (Canton d'Orgelet.) Distance 22 kilom. Altitude 582 mètres.

En vélo : durée du trajet, 4 h., aller et retour.—Route de Clairvaux à Moirans par Soucia et Meussia jusqu'à Charchillat : puis descente rapide de 5 o/o pendant 3 kilomètres, jusqu'à Brillat. Traversée de l'Ain.— A Brillat, deux auberges : laisser ici sa bicyclette, le chemin forestier qui mène à l'abbaye étant presque impraticable pour les vélos et les promeneurs.

Un itinéraire peut-être plus facile consisterait à se rendre à Moirans pour descendre à Vaucluse par le moulin : un guide serait utile.

Ainsi que l'indique son nom, Vaucluse (*vallis, clausa, vallée fermée*) est bien le site le plus sauvage et le plus désert qu'on puisse imaginer. On le désigne encore sous le nom de *Malaval*, (*mala vallis, mauvaise vallée*) en raison du passage étroit dans lequel s'engouffre la rivière d'Ain, dont les rives escarpées et abruptes deviennent presque inaccessibles.

Pour gagner cette véritable solitude, prenons la route de Moirans jusqu'à Charchillat, village qui existait déjà à l'époque romaine : on y a découvert, en 1810, un vase renfermant 1800 pièces d'argent à l'effigie de divers empereurs d'Occident... Suivons ensuite la route d'Orgelet pour arriver par une pente rapide au *Pont de Brillat*. Sur la rive droite de l'Ain, un chemin de 5 kilomètres à travers bois nous mène à la Chartreuse de Vaucluse. La vallée, en cet endroit, enfermée dans une triple ceinture de rochers, présente un aspect réellement imposant.

La rivière, calme et silencieuse, laisse couler doucement ses eaux entre deux collines resserrées dont les flancs, cachés sous le noir manteau des sapins et des buis, projettent dans ce sombre défilé un demi-jour de crépuscule. Un silence glacial, presque lugubre, plane sur ce tableau féérique qui évoque le rêve et porte à la mélancolie.

Au milieu des massifs de la forêt, l'abbaye détache majestueusement ses vieilles murailles lézardées par le temps, sur lesquelles serpente le lierre et dont les piliers séculaires descendent baigner leurs assises jusque dans le cours de l'Ain.

A côté de ces oubliettes, sous les buissons d'épines, cachés

parmi les débris de leur cloître dévasté, dorment plusieurs générations de moines : le monastère, en effet, date du xiiᵉ siècle. Du
haut de la terrasse où s'étalaient autrefois de superbes jardins
suspendus, la vue se repose délicieusement sur ce paysage incomparable qui laisse dans l'esprit un impérissable souvenir.

L'abbaye de Vaucluse jouissait autrefois de grands privilèges et
possédait des domaines considérables : elle avait droit de haute,
moyenne et basse justice sur son territoire. Sous le régne du Pape
Alexandre III, en 1176, elle était déclarée *lieu d'asile*, où aucun
criminel ne pouvait être arrêté... Ses possessions étaient très
étendues : elles comprenaient « 144 hectares de terres avec deux
belles métairies, plus 300 hectares de forêts dans les pentes et
300 autres sur le plateau, près d'Onoz ». (*) Tous ces biens fûrent
vendus, à l'époque de la Révolution, pour le prix de 50,000 livres,
qui représentait à peine la valeur du mobilier et des objets précieux.

La Chartreuse de Vaucluse fut démolie en 1793.

XVIII. L'Abbaye de Grandvaux. — (Canton de Saint-Laurent.)
Distance 30 kilomètres.

En vélo : 3 heures aller et retour. Montée jusqu'à Saint-Laurent, (hôtel The-
venin (**) route de Saint-Laurent à Saint-Claude.

La région désignée sous le nom de Grandvaux, *Grande vallée*,
Grand val, est une longue plaine hérissée de quelques mamelons,
couverts tantôt de broussailles, tantôt de pâturages marécageux : elle
est comprise entre deux hautes montagnes parallèles se dirigeant
du nord au sud, la *Joux-devant* et la *Joux-derrière*. On y trouve
trois lacs, dont deux sont minuscules : seul, le lac de l'Abbaye
a deux kilomètres de longueur.

A un kilomètre environ de Saint-Laurent, au hameau de
Salave-de-Bise (919 mètres), on quitte la grande route de Chaux-du-
Dombief pour prendre le chemin qui conduit à Grandvaux (***). Après
avoir traversé *Salave-du-Vent*, les *Poncets* et les *Chauvins*, on laisse
Saint-Pierre sur la droite et on arrive aux *Guillons* (6 kilomètres 7),
petit village d'aspect bien médiocre, situé sur les bords du lac de
l'Abbaye.

A son origine, l'ancienne terre monastique de Grandvaux,
fondée en 523 par deux religieux de Saint-Oyant, était entièrement
inculte. Grâce aux efforts et au travail des religieux qui vinrent
l'habiter, elle se transforma peu à peu en une riche colonie agricole

(*) Bulliat.
(**) Voir page 68.
(***) Avant Chaux-du-Dombief, ruines du château de l'Aigle, 997 mètres. (1304).

qui éveilla bien des convoitises et lui valut de nombreuses aggres-
sions de la part de ses voisins et notamment des moines de l'abbaye
de Bonlieu. Après bien des alternatives, l'abbaye de Grandvaux
tomba sous la dépendance des abbés de Saint-Claude.

L'église, de style très simple, est un reste de l'ancienne abbaye
et renferme de belles boiseries ainsi que des ogives du gothique le

plus pur, qui méritent d'être visitées. Les cloitres, les murs d'enceinte ont disparu : les murailles épaisses du monastère, flanquées
de leurs tours de défense, n'ont laissé aucune trace. Un fossé, creusé
sur un des côtés de l'abbaye et communiquant directement avec le
lac, était traversé par un pont-levis aboutissant à un vaste portail
fortifié : on aperçoit encore quelques vestiges de ce fossé qui avec
le lac entourait le monastère d'une large ceinture d'eau, formant
ainsi une première ligne de fortification d'un difficile accès.

Voilà esquissées à grands traits les excursions que Clairvaux offre
à ses visiteurs. Nous avons énuméré celles-ci dans l'ordre de leurs
distances, commençant par les plus proches pour finir par les plus
éloignées. En suivant cet ordre, et en coupant ses excursions par
quelques jours de repos, le touriste peu à peu subira une sorte d'en-

trainement, ses jarrets se rompront à la marche dans les montagnes, et quand l'heure du départ aura sonné pour lui, il nous dira que son séjour à Clairvaux a passé trop rapidement.

L'INDUSTRIE DE CLAIRVAUX

L'industrie de Clairvaux a sa valeur : celle-ci, croyons-nous, grandira encore, quand le tramway de Lons-le-Saunier à Saint-Claude aura ouvert dans cette région de nombreuses voies de communications et facilité les transports.

Ainsi que nous l'avons dit, le Drouvenant, sortant de la Frasnée, suit la vallée dans la direction de Clairvaux et longe la ville : c'est sur les bords de cette rivière que nous trouvons échelonnées les diverses usines qui puisent leur force motrice dans son cours. Si nous prenons celui-ci à sa naissance, nous rencontrons tout d'abord l'usine Daclin, dont la scierie mécanique occupe au façonnage du bois une quinzaine d'ouvriers. Plus loin, nous trouvons les moulins Michaud, transformés en moulins à cylindres depuis quelques années, et dont les farines sont appréciées à juste titre. Puis, voici l'usine Jaillot frères, la plus importante du pays, occupant une cinquantaine d'ouvriers, tant à la tournerie qu'au sciage des bois pour l'industrie : cette usine possède l'éclairage électrique depuis plusieurs années. Là, se façonnent les bois de construction et les charpentes, les échalas pour la vigne, les lames pour les mesures linéaires, et mille objets divers en buis, tels que les robinets, manches d'outils, jeux de croquets et de quilles, porte-manteaux façon bambou, tables pliantes, tabourets, cadres, étuis, etc. Le multiple travail du tourneur, sa rapidité d'exécution, sa précision, sont très curieux à étudier : l'étranger visitera ces usines avec beaucoup d'intérêt.

Viennent ensuite les moulins Bonnetaut frères, auxquels est jointe la tournerie André frères, dans laquelle travaillent une quinzaine d'ouvriers.

Sous la ville et toujours en aval, un industriel a récemment installé une taillerie de diamants, genre d'industrie jusqu'à présent localisé à Saint-Claude, à Septmoncel et dans les hameaux voisins. Une quinzaine d'ouvriers sont occupés au travail minutieux de la taille qui demande de la main de l'artisan une expérience consommée. L'émeraude, la turquoise, le rubis, la topaze, le saphyr, l'améthyste et le diamant prennent sous le doigt patient de l'ouvrier leur éclat brillant, irisé et multicolore, dont les mille feux étincelants seront bientôt la plus belle parure de nos belles mondaines.

Aux pieds de l'ancien château, au confluent du Drouvenant et de la petite rivière qui sort du lac, une papeterie fabrique le papier ordinaire pour l'emballage, notamment le papier soyeux et léger utilisé pour l'enveloppe des cristaux et des porcelaines.

Non loin de là, les restes des anciennes forges, propriété de M. Le Mire, occupent une grande superficie, dans un site ravissant : celles-ci sont destinées, croyons-nous, lorsque cette partie du Jura sera dotée de voies ferrées, à devenir des usines très importantes, en raison des forces motrices dont elles pourront disposer. Les moulins Gerdil, sur le territoire de Vertamboz, terminent la série des usines situées sur le Drouvenant qui, à quelques cents mètres plus loin, va se jeter dans la rivière d'Ain.

Sur le cours d'eau qui sort du lac et à côté du pont, la minoterie Chauvin avec ses moulins à cylindres, ses turbines, son éclairage électrique, est un des meilleurs établissements de ce genre de la région : les scieries Claudet et Bondivenne, enfin la tournerie Benoit complètent l'ensemble des industries de cette partie de Clairvaux.

RENSEIGNEMENTS PRATIQUES

Conditions de Séjour

Au point de vue de la vie matérielle et des ressources qu'on trouve à Clairvaux, quelques lignes ne seront pas inutiles pour l'étranger qui viendra y passer trois ou quatre semaines de villégiature.

Disons d'abord que Clairvaux possède un médecin et deux pharmaciens, une sage-femme et deux notaires, c'est-à-dire tous les éléments nécessaires pour soigner scrupuleusement sa santé et ses affaires. Ajoutons ensuite que l'existence ici est facile : la nourriture bonne et saine est d'un prix modéré. Lait, beurre, œufs, crème et fromage se trouvent en abondance et le marché du vendredi de chaque semaine fournit à la ménagère de succulentes provisions. Le poisson est exquis, le gibier particulièrement fin, car n'oublions pas que nous sommes en plein pays de montagne. La boucherie et la charcuterie donnent d'excellents produits ; le pain sent le froment, et s'il manque parfois de blancheur, il est au moins naturel et hygiénique. Et puis, il faut le dire aussi, car beaucoup m'en sauront gré ! Gourmands et gourmets, goûtez aux pâtisseries de l'endroit, aux pâtés en gelée et aux gâteaux de crème fraîche : ne feraient-ils pas rêver un Marguery ? C'est assez dire... L'eau qui sert à l'alimentation de la ville est des meilleures qu'on puisse trouver : grâce à sa fraîcheur et à sa limpidité, elle réunit toutes les qualités d'une excellente eau de source, c'est-à-dire qu'elle est pure et aérée, hygiénique et agréable. J'allais oublier le petit lait, si précieux pour les estomacs malades, et qu'on vous sert soir et matin, si vous voulez faire une cure.

Le touriste peut trouver à louer des logements pour 1, 2 ou 3 mois, soit dans des maisons particulières, meublées ou non, soit dans les hôtels, et à de bonnes conditions. La ville a deux bons hôtels, également recommandables : l'hôtel Waille, correspondant du Touring-Club de France, sur la place du Commerce ; et l'hôtel Ethevenard, à l'entrée de la ville par la route de Lons-le-Saunier. Table excellente, où la truite et les écrevisses font volontiers apparition ; chambres très propres et même confortables. Garage de bicyclettes, correspondance du chemin de fer, voitures à volonté, et soit dit en passant, absence totale du pourboire, preuve et des non moindres de l'urbanité des habitants.

A la journée, les repas se payent 2 fr. 50 et la chambre 1 fr. A la quinzaine et au mois, la pension varie de 4 à 5 fr. par jour, chambre et service compris.

Les voitures à la journée se louent à raison de 0 fr. 50 par kilo·mètre, retour compris ; en se groupant, les touristes peuvent ainsi faire des excursions lointaines, sans trop fatiguer leurs jarrets ni leur bourse (*).

Les foires de Clairvaux, assez importantes, se tiennent le 20 de chaque mois. Les transactions portent principalement sur le bétail, les céréales et les fruits. Les marchands ambulants venus de Lons-le-Saunier, étalent sur leurs voitures les marchandises les plus variées : étoffes, mercerie, quincaillerie, cordonnerie, sellerie, vannerie, etc... La ville possède aussi un bureau des postes et télégraphes : deux courriers par jour font régulièrement le service des voyageurs entre Clairvaux, Lons-le-Saunier et Saint-Laurent (voir page 56). Durée de trajet : 3 heures environ.

Une Société vélocipédique vient de se fonder à Clairvaux, sous le titre de « Union Cycliste Clairvalienne ». Elle se compose de 30 membres actifs, fervents amis de la pédale, tout prêts à recevoir amicalement les touristes désireux de parcourir le pays et à les guider dans leurs excursions jurassiennes.

Peu à peu les voies ferrées s'établissent dans le Jura et en rendent l'accès plus facile. Une ligne de tramway reliera bientôt Lons-le-Saunier à St-Claude, avec embranchement sur Orgelet. Trois trains au minimum feront journellement, dans chaque sens, le service sur la section de Lons-le-Saunier à Orgelet ; deux trains dans chaque sens également desserviront la section de Clairvaux à St-Claude. Sur toute l'étendue de son parcours, la ligne se maintient à une altitude qui varie entre 381 et 682 mètres, A Lavans, près de St-Claude, station de contact avec la Compagnie P.-L.-M. (389 m,). La ligne aboutit à la gare de St-Claude-Terminus, exclusivement réservée aux voyageurs, à une faible distance du pont de fer suspendu.

Les mois les plus favorables pour s'installer à Clairvaux sont juin,

(*) Hôtel Waille : 12 chambres. — Déjeuner 2 f. 50. — Diner 2 f. 50. — Chambre 1 f. 50. — Pension au mois ou par quinzaine, service compris, 5 fr. par jour. — Voiture à la journée, 14 fr. frais compris.

Hôtel Ethevenard : 15 chambres. — Déjeuner 2 fr. 50. — Diner 2 fr. 50. — Chambre 1 fr. — Pension au mois 110 fr., chambre comprise. Voiture à la journée, 14 fr. frais compris.

juillet, août et septembre. Mai et octobre sont souvent très bons : mais, à ces deux époques différentes, en raison de la situation du pays au milieu des montagnes et de son altitude, les matinées et les soirées sont d'une fraîcheur exceptionnelle que la vivacité de l'air peut rendre quelquefois pernicieuse pour certains tempéraments. Aussi, et par raison d'hygiène, recommandons-nous à nos hôtes l'usage des vêtements de laine qui, bien que légers, protègent chaudement le corps et l'abritent contre les variations trop brusques de la température.

Enfin, aux amateurs de pêche et aux disciples de Nemrod, liberté complète. La chasse est autorisée sur tout le territoire de la commune, la pêche permise sur le cours entier du Drouvenant et tolérée dans les lacs : le poisson n'y manque pas.

Pour finir, je redirai à tous, mais surtout à vous qui voulez remonter votre santé, à vous dont l'esprit, surmené par le *struggle for-life*, demande le repos : Clairvaux sera pour vous un excellent séjour. Vous aurez ici une vie calme, régulière, sans fatigues : l'air pur ranimera vos forces et, dans les émanations résineuses des sapins, vous retrouverez la sève de votre jeunesse. Je ne puis, du reste, mieux terminer qu'en donnant ici l'appréciation d'un ancien médecin du pays :

« L'exercice de la médecine à Clairvaux du Jura pendant des années, dit-il,
« et les observations que j'ai recueillies me permettent de recommander le
« séjour de ce poste agréable à tous les malades justiciables de ce traitement à la
« fois physique et moral désigné sous le nom de « cure d'air ». Le voisinage
« des forêts d'arbres à essence balsamique, tels que sapins, épicéas, pins ; la
« pureté de l'air, l'absence de brusques variations atmosphériques, l'altitude
« modérée et aussi la rareté de la phtisie en font une résidence de premier ordre
« pour les personnes à bronches délicates et chez lesquelles il existe plutôt une
« menace de maladie que des lésions conformées. D'autre part les gens anémiés
« par le séjour trop prolongé dans un air impur ou confiné, ceux que le surme-
« nage des études, l'activité dévorante des villes a rendus nerveux, inquiets,
« déséquilibrés, trouveront dans la vie paisible de ce lieu et dans les prome-
« nades nombreuses et variées aux alentours des avantages incontestables. Les
« promenades me paraissent, en effet, un des grands facteurs des améliorations
« obtenues par la cure d'air. »

Venez donc vous retremper dans ce beau coin du Jura et y faire une *saison d'air* : vous en ressentirez promptement les excellents effets. Au moment de nous quitter, en nous serrant la main, vous nous direz : au Revoir ! Car vous aimerez ce bon pays qui vous aura donné une nouvelle vie : et tous les ans, vous voudrez revenir au milieu de nous, heureux de retrouver ici le même accueil, affable et plein de cordialité, que sous sa froideur apparente, le Comtois réserve toujours à ses amis...

> Avec ses noirs donjons fleuris de saxifrages,
> Ses grands sapins remplis d'immense majesté,
> Et ses sommets géants défiant les orages,
> Est-il plus beau pays que la Franche-Comté ? (*)

(*) Louis Mercier, poète Franc-Comtois.

EXCURSION
à la Vallée et à la Source de la Loue

—

Lods-Pontarlier : 23 kilomètres
Prix : 3 francs

Départ de Lods à 7 h. 40 matin. — Arrivée à Pontarlier à 12 h. 30
Départ de Pontarlier : 1 h. 45 soir. — Arrivée à Lods : 5 h. 45

A l'aller et au retour, arrêt de 1 heure 30 au chalet, point du sentier qui conduit à la Loue, pour les voyageurs qui désirent visiter la source.

TARIF DES BILLETS DE CHEMIN DE FER
A DESTINATION DE LONS-LE-SAUNIER (Jura)

1° DE PARIS A LONS-LE-SAUNIER, 449 KILOMÈTRES
VIA DIJON ET MOUCHARD

Durée du trajet : 8 h. 30, en 1re et 2e classe, 13 h. en 3e classe

BILLETS SIMPLES			ALLER ET RETOUR validité, 5 jours			Billets d'aller et retour collectifs					
						pour famille de 4 personnes			pour chaque personne en plus		
1re cl.	2e cl.	3e cl.	1re cl.	2e cl.	3e cl.	1re cl.	2e cl.	3e cl.	1re cl.	2e cl.	3e cl.
49.50	33.40	21.80	74.25	53.45	34.85	346.50	233.80	152.60	79.50	33.40	21.80

2° DE LYON A LONS-LE-SAUNIER, 147 KILOMÈTRES
VIA AMBÉRIEU ET BOURG, DURÉE DU TRAJET : 3 H. 15

BILLETS SIMPLES			ALLER ET RETOUR validité, 2 jours			Billets d'aller et retour collectifs					
						pour famille de 4 personnes			pour chaque personne en plus		
1re cl.	2e cl.	3e cl.	1re cl.	2e cl.	3e cl.	1re cl.	2e cl.	3e cl.	1re cl.	2e cl.	3e cl.
16.45	11.10	7.25	24.70	17.80	11.60	115.15	77.70	50.75	16.45	11.10	7.25

3° DE MARSEILLE A LONS-LE-SAUNIER, VIA LYON, AMBÉRIEU ET
BOURG, 495 KILOMÈTRES, TRAJET EN 11 H. 30

BILLETS SIMPLES			ALLER ET RETOUR validité, 5 jours			Billets d'aller et retour collectifs					
						pour famille de 4 personnes			pour chaque personne en plus		
1re cl.	2e cl.	3e cl.	1re cl.	2e cl.	3e cl.	1re cl.	2e cl.	3e cl.	1re cl.	2e cl.	3e cl.
55.45	37.40	24.40	83.15	59.90	30.05	388.15	261.80	170.80	55.45	37.40	24.40

Services de Voitures entre Clairvaux, Lons-le-Saunier, et Saint-Laurent

Départ de Clairvaux pour Lons-le-Saunier : 6 h. matin. — 3 h. 1/2 soir.
Départ de Lons-le-Saunier pour Clairvaux : 6 h. matin. — 4 h. soir.
Départ de Clairvaux pour Saint-Laurent : 3 h. soir (pour le départ du train de Champagnole).
Départ de Saint-Laurent pour Clairvaux : 6 h. 1/2 matin (après l'arrivée du train de Champagnole).

✳ HOTEL LAMY à DOUCIER (Jura) ✳

Gare de CHATILLON à 5 kilomètres.

A 3 kilomètres de la rivière de l'Ain

DÉJEUNERS ET DINERS A TOUTE HEURE. — GIBIER ET POISSON

L'hôtel Lamy se trouve à proximité de plusieurs jolies excursions :

A 1 kilomètre du lac de Chalain, à 2 kilomètres du lac de Chambly, à 5 kilomètres du lac du Val, à 8 kilomètres des cascades du Hérisson, à 9 kilomètres de la grotte de Lacuzon.

Arrangement pour séjour à des prix très modérés. — Beau pays de chasse et de pêche. — Voitures à volonté.

LES ROUSSES (Jura)

HOTEL DE LA COURONNE
Veuve LIZON, Propriétaire

Membre du Touring-Club et de l'Union Vélocipédique de France

Station d'air spécialement recommandée pour sa salubrité et sa situation exceptionnelle au milieu des sapins et au sommet des montagnes.

Lait d'une richesse incomparable. — Air pur par excellence.

Le village *DES ROUSSES* est à 2 h. de route de la Faucille et à 2 h. 1/2 de la Dôle. — Jolies promenades, sites très pittoresques aux environs.

Chasse et pêche. — Prix très modérés pour séjour. — Soins de famille et cuisine renommée.

LE COL DE LA FAUCILLE (Jura)

Altitude : 1323 mètres

HOTEL REGAD

Site exceptionnel pour les cures d'air, au sommet des montagnes et au milieu des sapins. — Riches pâturages et cures de lait.

Magnifiques excursions dans les environs : Panorama grandiose sur le bassin de Genève, la vallée de l'Arve, le pays de Gex, et la chaîne du Mont-Blanc.

Cuisine soignée, installation confortable

Prix modérés. — Arrangements pour séjour prolongé pour familles

Atelier spécial pour réparations de bicyclettes.

L'HOTEL REGAD renferme un Musée artistique et industriel des plus intéressants.

BAINS SALINS
DE LONS-LE-SAUNIER

L'établissement des Bains d'eau bromo-chlorurée sodique de Lons-le-Saunier est construit à proximité de la ville, à l'entrée d'un riant vallon, aux pieds du premier plateau du Jura. Entouré d'un parc splendide de plus de sept hectares et baignant dans l'air pur et vif des montagnes qui renouvelle incessamment celui de la vallée, il ne peut que favoriser la guérison des maladies qu'on y traite et aider puissamment à l'action des eaux qu'on y emploie et qui sont les plus minéralisées du monde.

Prise en bains de piscines ou de baignoires, en douches chaudes ou froides, ces eaux sont héroïques et peuvent être employées utilement dans tous les cas de lymphatisme, scrofule, rachitisme, anémie, névrose, diverses neurasthénies, affections des organes génitaux, affections chroniques du péritoine et de la plèvre avec exsudats, goutte chronique, rhumatisme chronique, certaines obésités et toute la série des affections osseuses et des engorgements tuberculeux ou non.

ANALYSE DES EAUX MINÉRALES LE LONS-LE-SAUNIER

Eau Vierge

Densité.		1215.00
Densité à l'aréomètre		25°5
Chlorures Sodium.	305gr600	
— Magnésium . . .	2	800
— Magnésie	5	160
Sulfates Soude	2	740
— Chaux	2	650
Bromures	0	040
Iodures.		traces
Total des matières fixes . . .		319gr 250

(PAR LITRE)

Eau Mère

Cent grammes de liquide contiennent :
Analyse de M. Poitvin.

Chlorure de sodium	19,9
— de magnésium.	4,6
— de potassium.	2,4
Sulfate de magnésie	8,7
Bromure de potassium	0,69
Iodure de sodium.	traces
Sulfate de soude.	»
— de potasse	»
Eau.	63,8
	100 gr.

Donc en moyenne plus de 370 gr. de principes minéralisateurs par litre.

GRANDS VINS MOUSSEUX

Fondée en 1846

Vve A. DEVAUX

40 MÉDAILLES

LONS-LE-SAUNIER ET EPERNAY

Immenses et magnifiques caves creusées sous la montagne, les plus grandes et les plus vastes de toute la contrée.

TRÈS CURIEUSES A VISITER

Les Vins du Jura

Le sol et la disposition des montagnes du Jura sont éminemment favorables à la culture de la vigne. Aussi les vins qu'on y récolte, rouges ou blancs, rivalisent-ils avec les vins de Bourgogne dont ils se sont toujours montrés les dignes émules.

Dans des temps éloignés, ils ont joui de la faveur royale.

Mais le Jura possède aussi, comme la Champagne, ses vins mousseux, blancs ou rosés, doux ou secs, vifs, généreux, pétillants, pleins de sève et de feu, dont les reflets ambrés rappellent les meilleurs produits de Reims et d'Epernay.

C'est en 1817 qu'un viticulteur passionné M. **Thiébaud-Colomb**, sortit de ses celliers la première bouteille de vin mousseux qui fut fabriquée dans ce coin si pittoresque de la Comté, qu'on pourrait bien appeler à juste titre, LA CHAMPAGNE COMTOISE.

La production de ces vins atteint aujourd'hui des proportions importantes et, à l'exemple de leurs rivaux récoltés sur les bords de la Marne et sur la montagne de Reims, ils s'exportent au loin dans tous les pays du monde.

La Maison **Alfred BOUVET** et **Fils** de **Salins** a repris les caves et la suite d'affaires de celui qui fut le véritable inventeur du JURA MOUSSEUX.

Elle expédie ses vins blancs mousseux, dont le prix varie de **2 fr. 50** à **3 fr. 50**, par caisses de **6, 12** ou **25** bouteilles.

Les vins rouges de garde ou **vieux Salins** valent de **2** à **3** francs la bouteille.

Les prix des vins rouges ordinaires s'établissent suivant la qualité et l'année, depuis **40** à **75** francs l'hectolitre.

Adresser lettres et demandes à M. L. SUFFISANT, propriétaire-vigneron, gérant de l'exploitation, à **Salins** (Jura).

TABLE DES MATIÈRES

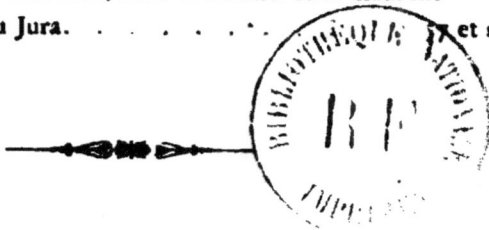

ÉDITIONS ET PUBLICATIONS ARTISTIQUES. J. SICARD, 20, BOULEVARD EXELMANS. PARIS

www.ingramcontent.com/pod-product-compliance
Lightning Source LLC
La Vergne TN
LVHW022019080426
835513LV00009B/801